2024

九星別 ユミリー風水

九紫火星《きゅうしかせい》

直居由美里

大和書房

風水は人が幸せに生きるための環境学

人は地球に生まれ、その地域の自然環境と共存しながら生き、生涯を終えます。その人の生涯を通して、晴れの日や嵐の日を予測しながら幸せに生きていくための環境学が風水です。

人は〝宿命〟という、生まれながらにして変えられない条件を背負っています。自分では選べない生きるうえでの条件なのですが、二十歳《はたち》頃から自らが社会に参加し生きていくようになると、宿命を受け止めながら運命を切り開くことになるのです。

そうです。運命は変えられるのです。

「一命《いちめい》二《に》運《うん》三《さん》風水《ふうすい》四《し》積陰徳《せきいんとく》五《ご》唸書《ねんしょ》」という中国の格言があります。人は生まれてから、自らが自らの命を運んで生きている、これが運命です。風水を取り入れることでその落ち込みは軽くなり、運気の波は上り調子になっていくのです。そして、風水で運気が上昇していく最中でも、人知れず徳を積み（四積陰徳）、教養を身につける（五唸書）努力が必要であることを説いています。これが本当の幸せをつかむための風水の考え方です。

出会った瞬間からハッと人を惹きつけるような「気を発する人」はいませんか？　「気」とは、その人固有の生きる力のようなもの。自分に適した環境を選べる“磁性感応”という力を持っています。

本書で紹介している、あなたのライフスター（生まれ年の星）のラッキーカラーや吉方位は、磁性感応を活性化させてよい「気」を発し、幸運を引き寄せられるはずです。

CONTENTS

2024年はこんな年

若々しいパワーに満ちる1年

２０２４年は三碧木星《さんぺきもくせい》の年です。20年間続く運気のタームである、第九運の始まりの年にもなります。

これからは新しい生活環境や働き方をはじめ、世の中のシステムが見直されていきます。２０２４年は三碧の象の力強い若い力をあらわし、若者の行動や新規ごとに注目が集まりそう。新しい情報や進歩、発展、活発、若さなどがキーワードになります。

若者がニュースの主役に

九星の中で最も若々しいパワーを持つ三碧ですが、未熟さ、軽率、反抗的な行動なども要素として持っています。よくも悪くも10代の言動が、社会を驚かせることでしょう。安易な交際や性犯罪の話題があるかもしれません。

草木は発芽するときに、大きなエネルギーで固い種子の皮を打ち破ります。そのため、爆発的な力を持っていることも２０２４年の特徴です。

新しい価値観がトレンドを生む

子どもの教育やスポーツにも関心が集まります。大きなスポーツ大会では、若い選手たちの活躍が期待できます。また、AIを駆使した音楽もつくられていくでしょう。コンサートやライブなどの音楽イベントもIT技術によって、新しいスタイルが定番となります。若い男性ミュージシャンや評論家、ボーイズグループも目立ち、ソロ活動する人にも注目が集まるでしょう。

ファッションも、若者たちの感性から、新しい素材やユニセックスを意識したスタイルが生まれます。

言葉によるトラブルに注意を

三碧には言葉や声という象意《しょうい》もあります。若者特有の言葉や造語が流行語になります。また、詐欺や嘘が今以上に大きな社会問題になる可能性が。地位ある人や人気者が失言により失脚することもあるでしょう。

ガーデニングなど花にかかわる趣味やイベントが注目を集めます。風水では生花はラッキーアイテムのひとつですが、特に2024年は季節の花を欠かさないようにしましょう。また、新鮮、鮮度も三碧の象意。初物や新鮮な野菜を使ったサラダがおすすめです。

2024年

九紫火星のあなたのラッキーアイテム

太陽のエネルギーを象徴する九紫火星。
今年は山吹色など大地をイメージするアイテムがおすすめ。

バッグの中身

ブルーのカバーの手帳

ブルーも九紫火星のラッキーカラー。手帳カバーはブルーを選んで。革製よりも布製がおすすめです。

オレンジのマーカーペン

九紫火星の固有のラッキーカラーであるオレンジのマーカーペンを活用して。山吹色の万年筆も○。

オレンジのアイテムや個性的なインテリアがラッキー

インテリア

ピエロの置き物

感受性を高めるのにおすすめしたいのがピエロの置き物。想像力がかきたてられます。素材はガラスでも陶器でもOK。

壁かけの絵画

ヨットや太陽などのある海の風景が○。フォトポスターでも。好きな画家や写真家のものを選んで。

A MESSAGE TO YOU

九紫火星のあなたへ

九紫は永遠に燃える太陽を象徴
2024年はこれからの土台を作る基礎運

九紫火星を象徴するのは、永遠に燃え続ける太陽のエネルギーです。エネルギッシュな熱い思いを持ち続け、闘争心と勝負にかける強い力を持っています。火のように、人をそばに寄せつけない孤高の生き方ができる人でもあります。周囲と価値観が異なる個性的な面もあり、輝く何かを持ち合わせています。第1章の「九紫火星の自分を知る」を読めば、あなたがまだ気づいていない隠れた力がわかります。

九紫の2024年は基礎運がめぐってきます。これからの運気の上昇に向けて、地盤づくりをするとき。ゴールを見据えてコツコツと進んでいきましょう。結果を求めず、時間がかかっても確実な道を選んでください。思い通りにいかなくても、じっと我慢することが大切。金銭面では華やかな生活は控え、蓄財を心がけましょう。手を抜かず誠実に、与えられた仕事をこなしていくことが運気の安定につながります。

年齢別 九紫火星の2024年

24歳 2000年生まれ／辰年

周囲とタイミングが合わず、関係がギクシャクします。2024年はあなたが譲《ゆず》るようにしてください。そのほうが少しずつでも確実に前進できます。そして、あなたの評価も高くなるでしょう。

33歳 1991年生まれ／未年

先の見通しが立つので自信が生まれ、周囲の意見が耳に入らなくなります。あなたが不得意とする〝根回し〟を学ぶ絶好のチャンスです。すぐに結果が出なくても焦らず、冷静に状況判断をするように心がけてください。

42歳 1982年生まれ／戌年

直感力で判断するより、周囲と足並みを揃《そろ》えるほうがいいでしょう。また、人が嫌がる仕事を率先して引き受けてください。仕事で脇役に徹すると、思いがけない抜擢《ばってき》があるかもしれません。こまめに動くことも大切です。

51歳 1973年生まれ／丑年

仕事と家庭のバランスが重要になります。家族との時間を大切にするために出勤前の時間を有効活用しましょう。草花や鉢植えを育てると、開運につながります。ただし、枯らさないように手入れをしましょう。

年齢別 九紫火星の2024年

60歳　1964年生まれ／辰年

還暦を迎え、固定概念を捨てて今までとは違うことにチャレンジしてみましょう。技術の勉強や趣味でもOK。アルバイトもいいでしょう。特に土に触る趣味は、あなたにパワーと堅実さをもたらします。アウトドアで楽しむスポーツもおすすめです。

69歳　1955年生まれ／未年

慎重に物事を進めたいときです。改めてハウスキーピング力を磨きましょう。家事をサボらず、楽しむ気持ちが大切。新しいレシピや、テーブルコーディネートをした食卓など、あなたのセンスを家事に生かして。オーガニックなど素材にもこだわりましょう。

78歳　1946年生まれ／戌年

依頼心が強くなります。他人を当てにしておきながら、わがままを言ってはいけません。少しずつ誰かのために力を貸してあげましょう。寄付やボランティアなど無理しない範囲で社会とつながることも大切です。ただし、きちんと準備してから行動を起こすように。

87歳　1937年生まれ／丑年

若い世代との会話を楽しみましょう。間違っている言葉遣いでも、すぐにミスを指摘せず最後まで聞いて。日本の伝統や行儀作法を教えてあげるのもいいでしょう。和食に欠かせない乾物のおいしさを教えてあげて。あなたの気も活性化され、若々しくなります。

第1章
九紫火星の自分を知る

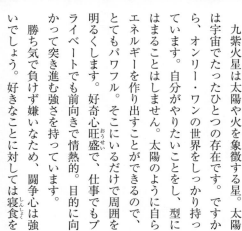

九紫火星はこんな人

ラッキーカラー　紫・赤・オレンジ

ラッキー方位　南

輝く情熱を持ち、妥協しない行動派

九紫火星は太陽や火を象徴する星。太陽は宇宙でたったひとつの存在です。ですから、オンリー・ワンの世界をしっかり持っています。自分がやりたいことをし、型にはまることはしません。太陽のように自らエネルギーを作り出すことができるので、とてもパワフル。そこにいるだけで周囲を明るくします。好奇心旺盛《おうせい》で、仕事でもプライベートでも前向きで情熱的。目的に向かって突き進む強さを持っています。

勝ち気で負けず嫌いなため、闘争心は強いでしょう。好きなことに対しては寝食《しんしょく》を忘れてのめり込みます。でも、火が次々と燃え広がっていくように、次から次へと興味が移り、熱しやすく冷めやすいという面も持っています。これは人間関係にも反映されるので、親しくしていた人と突然不仲になるなど、一貫性に欠けるところも。

九紫火星は、自分のことを太陽のようにオンリー・ワンととらえがち。周囲の立場を思いやることを意識すれば、オリジナリティーあふれる人として活躍できます。

ラッキーカラーは紫、ラッキー方位は南

右ページにあるラッキーカラーとは、一生を通してあなたの運気を助ける守護色です。色のパワーがあなたに働きかけ、あなたの発する気をよいものにしてくれます。住まいのインテリアや洋服、持ち歩くものに取り入れるようにしましょう。また、ラッキー方位とは自然界のよい気が自分に流れてくる入口のようなもので、住まいの中で大切にしたい方位です（48ページ参照）。九紫火星のラッキー方位は南なので、住まいの南が汚れていると邪気のまじった気を受けます。ですから、いつもきれいにしておくことが大切です。また、枕や座る向きを南にすることで、あなたの内側から湧いてくる力を高めてくれる効果もあります。

九紫火星の人生

中年期の頑張りが勝負の鍵

小さな火がメラメラと燃える大きな炎となり、やがて下火となっていくのが九紫火星の人生。若い頃には現実と理想のギャップに苦しむ人もいますが、九紫火星は太陽でもあるので、エネルギーを作ることをやめません。勢いを増していく火のように、才能を徐々に開花させます。早くから自分の興味あるものに飛びつくものの、すぐに飽きてしまい、ひとつの道を究《きわ》めるのはむずかしそう。周囲からは気分屋というレッテルを貼られてしまうことも。勝負ごとが好きなのも九紫火星の特徴です。自分が一番「目立ちたい」という思いは、宇宙に太陽はふたつはいらないと思っているからです。

中年期は炎が大きく燃え上がるときで、若いときの努力が実ります。名誉や地位に恵まれるにつれてお金もついてきます。そして、中年期に築いたものの蓄積によって晩年期を過ごしていくことになります。経験しないと理解できないところがあるので、多くの苦労がありますが、経験を積めば、晩年は安泰です。

プライドが高く見栄っ張りなので、自分の力量以上のものを求めがちで苦労することもあるでしょう。とはいえ、火が先々を明るく照らすように、先見の明を持つあなたは、時流に合った選択をして自分の道を上手に切り開いていけるはずです。一般の人では思いもつかない「独自の視点」で物事を見ることができるので、それを生かせば大きな成功をつかむことができます。

感性を磨くことで晩成運をつかむ

人生は今の経験が積み重なってできあがっていくもの。浮かれず、落ち込まず、長い目で人生を見渡しながら年齢とともに高めていく運気を、晩成運といいます。よりよい晩成運を引き寄せるためには、自分の人生が遅咲きか早咲きかを知り、人生の基盤を強固にしていくべきです。九紫火星は感性の星です。火が一気に燃え上がるように、興味ある分野で花を咲かせます。でもここで満足してしまうと、火は消えてしまうことに。一度消えてしまった火をつけるのは大変です。晩成運をつかむには、常に目標を持ちながら勝負に生き、燃え続けている必要があります。諦めたり、不運に負ければ種火を消してしまうことになり、晩成運をつかむことができません。名誉や地位を得れば、年齢を重ねても燃え続けることができます。

九紫火星の 金運

名誉を重視して強い金運を得る

強い金運の持ち主です。自らが実力で勝ち得る財力といえます。お金儲けが上手なのですが、出費も多いので資産として残すことを忘れないことが重要な金運のポイントです。衣食住に関しても派手で、特に自分を目立たせるためのファッションへの出費が多くなります。若い頃から浪費家タイプになる人が目立ち、上手に貯蓄できるタイプではありませんが、ここでしっかり貯めたお金は将来につながります。ただし、時流を読む感覚にすぐれ、事業などを成功させて財産を築くことができる才を持っているので、自己投資のための出費を削る必要はありません。

お金よりも地位や名誉にこだわり、財テクは得意な分野ではないので、入ってくるお金が多いぶん、出ていくお金も多い星です。お金はあればあるだけ使ってしまいそうです。お金に執着する姿を人に見せないようにして、余裕がないのに人にご馳走するなど、見栄を張りがち。予算を決めて計画的に使う訓練が必要です。財産を殖《ふ》やすなら、不動産や美術品へ投資するといいでしょう。

九紫火星の才能・適性

“好き”を仕事にすると人生安泰

多芸多才のため、道に迷いやすい九紫火星。鋭い感受性と美的センスで、どんな仕事も平均レベルまではこなすことができますが、目標を定めないと器用貧乏で終わりかねません。仕事をまっとうするためには、何かひとつのことを長く続ける努力も必要でしょう。忍耐力を養うことが肝心です。もともと自分が興味のあるものには労力を惜しまず熱中するので、好きなことを仕事にすれば長く継続できます。あなたの輝くものがみんなの手本になるように、早く自分の才能に気づくことが大切です。

九紫火星はプライドが高く、感情の起伏《きふく》も激しいので、頭ごなしにものを言われるのを嫌いますが、自己完結するような仕事だとストレスを感じることはありません。

あなたの個性的な視点は、アーティスティックな仕事に生かすことができます。頭の回転も速いので学問の世界で名をあげる人や、持ち前の闘争心を生かしてスポーツに生きる人も。九紫火星に向く職業は、デザイナー、カメラマン、編集者、作家、イラストレーター、俳優、美容師、漫画家、格闘家、スポーツ選手などです。

早婚と離婚に注意して、情熱を長続きさせる結婚を

火の九紫火星だけに、恋は情熱的。センスが合うとすぐに恋心が燃え上がり、相手を深く知る前に勢いだけで結婚してしまいがち。早婚と離婚が多いのもこの星の特徴です。あなたの陽気な存在感は周囲にしっかり届き、人の目を引きつけます。白黒をはっきりとつけたいほうなので、恋の駆け引きは不得意。好きな人に対しては直球勝負のアプローチで攻めていくほうですが、オンリー・ワンの星らしく相手に振り回されることはありません。エネルギーを自分で作って元気になれるので、トラブルや別れがあってもすぐに立ち直るタイプ。そのせいか、ひとりの異性になかなか執着できず、結婚のチャンスをみすみす逃してしまうこともあります。

異性に対しては、熱しやすく冷めやすい傾向があり、ある日突然、それまで付き合ってきた関係を断ってしまうことも。あなたの中では結論までの道筋のつじつまは合っているのですが、相手はびっくり。飛び散る火の粉のように、目移りして複数の人と付き合うことが多く、真剣な付き合いに発展しないこともたびたびです。

九紫火星の家庭

理想の家庭像を目指して幸せをつかむ

人が太陽の光を求めるように、子どもの頃から、周囲の注目を集める賢さがあります。大きな愛情の中、両親の自慢の子どもとして育てられた人もいるでしょう。九紫火星の自信家な面は、小さい頃の環境によって育《はぐく》まれるともいうことができます。さまざまな期待を背負って成長するので、自分の力に自信を持つようになるのです。

若い頃は目が外に向き、家族のありがたみを忘れがち。褒められたり、チヤホヤされるのが大好きなので、そう扱ってくれる外の世界に入り浸り、家庭では傍若無人《ぼうじゃくぶじん》に振舞う傾向があります。早く家を出ることになる人もいるでしょう。

自分の家庭を築いてからは、家族の賛同の有無にかかわらず、自分の理想像を押しつけてしまう傾向があるので要注意。また、見栄っ張りなので、スパルタ式で子どもを自分の思い通りにしようとします。でも、自分の思い通りになって当たり前と思うのは大間違い。太陽のように人の心をなごませることができる人なのですから、家族をあたたかく包み込む心で接することで幸せな家庭が築けます。

幸運をもたらす人間関係

相手のエネルギーを力に

人には持って生まれたエネルギーがあり、それを象徴するのがライフスターです。人間関係においてはそのエネルギーが深く関係します。113ページから紹介するライフスター同士の相性というのはそのひとつですが、これとは別に、あなたに特定の幸運をもたらす相手というのも存在します。それをあらわしたのが、中央に自分のライフスターを置いた左の図です。それでは、どんな関係かを見ていきましょう。

運気を上げてくれるのが四緑木星《しろくもくせい》。これはともに働くことであなたに強運をもたらしてくれる相手。あなたの運気を助けてくれる人でもあるので、一緒に長く頑張っていける関係です。お互いプライベートなことは詮索《せんさく》しないで、一定の距離感を持った付き合いをすることです。あなたのやる気を引き出してくれるのが六白金星《ろっぱくきんせい》。あなたにハッパをかける人でもあり、この人に自分の頑張りを試されるといってもいいでしょう。五黄土星《ごおうどせい》はあなたに精神的な安定を与える人、一白水星《いっぱくすいせい》は名誉や名声を呼び寄せてくれる人です。

名誉を与える 一白水星	安定をもたらす 五黄土星	蓄財をサポートする 三碧木星
お金を運んでくる 二黒土星	自分の星 九紫火星	チャンスを運ぶ 七赤金星
やる気を引き出す 六白金星	運気を上げる 四緑木星	新しい話を持ってくる 八白土星

＊この表は、星の回座によりあらわし、北を上にしています。

よくも悪くも新しい話を持ってきてくれるのが八白土星《はっぱくどせい》です。それに合わせて、今までにない新しい交友関係をもたらしてもくれます。

金運は二黒、七赤、三碧

金運をもたらす関係といえるのが、お金を運んでくる二黒土星《じこくどせい》、実利につながるチャンスをもたらす七赤金星《しちせききんせい》です。仕事のクライアントや給与を支払う人が二黒の人なら、経済的な安定をもたらしてくれます。七赤は仕事の話や自分にはない人脈を運んできてくれる人です。また、蓄財のサポートをしてくれる三碧木星《さんぺきもくせい》は、財テクや貯蓄プランの相談役として心強い相手です。

9タイプの九紫火星

性格は生まれ月で決まる!

生まれ年から割り出したライフスターは、生きていく姿勢や価値観などその人の本質を強くあらわします。でもその人となりの形成には、ライフスターだけではなく、生まれ月から割り出したパーソナルスターも深く関係しています。

パーソナルスターからわかるのは、性格、行動など社会に対する外向きの自分。下の表からみつけてください。たとえば、あなたが九紫火星で11月生まれならパーソナルスターは五黄土星。九紫の本質と五黄の性質を併せ持っているということです。

自分のパーソナルスターをみつけよう

生まれ月＼ライフスター	一白水星 四緑木星 七赤金星	三碧木星 六白金星 九紫火星	二黒土星 五黄土星 八白土星
2月	八白土星	五黄土星	二黒土星
3月	七赤金星	四緑木星	一白水星
4月	六白金星	三碧木星	九紫火星
5月	五黄土星	二黒土星	八白土星
6月	四緑木星	一白水星	七赤金星
7月	三碧木星	九紫火星	六白金星
8月	二黒土星	八白土星	五黄土星
9月	一白水星	七赤金星	四緑木星
10月	九紫火星	六白金星	三碧木星
11月	八白土星	五黄土星	二黒土星
12月	七赤金星	四緑木星	一白水星
1月	六白金星	三碧木星	九紫火星

月の初めが誕生日の場合、前月の星になることがあるので携帯サイト (https://yumily.cocoloni.jp) で生年月日を入れ、チェックしてください。

9 パーソナルスター別 タイプの九紫火星

パーソナルスターは一白から九紫まであるので、同じ九紫でも9つのタイプに分かれます。パーソナルスターも併せて見たあなたの性格や生き方は？

一白水星《いっぱくすいせい》

九紫の火と一白の水を持っているので、熱くなったら冷やすことができ、自己コントロールができる人です。落ち込んだときも、自分の作り出すエネルギーで立ち直れます。逆境に勝つ強さと、どんな環境にも対応できる柔軟さを併せ持っていますが、自分のテリトリーを侵されるのを嫌います。

二黒土星《じこくどせい》

時間をかけて確固たる自分というものを作り上げていける人です。目立ちたがり屋ですが、人の陰でコツコツと働くことを苦にしないタイプです。好きなことに対してはじっくりと取り組み、その実現のための根回しも得意です。人の注目を集めながら、大勢の人からのサポートも得られます。

三碧木星《さんぺきもくせい》

温厚そうに見えますが、実はとてもエネルギッシュ。闘争心が強く、周囲から抜きん出たいと強く願っている人です。とはいえ、失敗を恐れてなかなか行動に移せないタイプなので、口先だけの人と思われないよう実行に移しましょう。プライドが高いので、人にものを教わるのは苦手かも。

四緑木星《しろくもくせい》

森林のように人を癒《いや》しながらも、周囲に元気を与えることができる人です。気分屋なところがあり、身内に対しては冷たい面があるかも。自由気ままを愛し、型にはめられるのは大嫌い。自分の思い通りにいかなくても、すべてを投げ出さないよう忍耐を意識すると運が開けます。

五黄土星《ごおうどせい》　何事においてもマイペースで存在感のある人。周囲によって自分が左右されることはないので、自分勝手と見られることも。でも、それを気にすることはありません。頑固で周囲とぶつかることもありますが、それに屈せず戦うことで自分のポジションを勝ち取っていけるでしょう。

六白金星《ろっぱくきんせい》　太陽と竜巻のエネルギーを持っているので、明るくとてもエネルギッシュな人です。リーダーシップを発揮し、周囲の協力を上手に得ていきます。ただし、あまりにも元気なので周囲がそれについていけないことも。マイペースすぎて、人間関係をギクシャクさせてしまうこともあります。

七赤金星《しちせききんせい》　華やかな雰囲気が人の関心を引き寄せます。とはいえ、近寄りがたい雰囲気を持っているのは、プライドの高さが見えるから。勝ち気な性格で闘争心は旺盛です。頭の回転が速く、なんでもスピーディーにこなしていく能力に一目置かれます。社交派な面が周囲からの信頼を集めることに。

八白土星《はっぱくどせい》　物事に対しては常に冷静沈着な態度がとれますが、いざとなったらファイターになって戦える人です。自分の努力がなければ今の自分はないことを知っています。ですから、物事には根気強く取り組んでいけます。長期の見通しに合った目標を立て、そのために力を注ぐことを苦にしません。

九紫火星《きゅうしかせい》　交友関係が広く人あたりはソフトに見えますが、実は闘争心あふれる熱血漢。状況に応じた対応はできますが、自分で決めたことは決して譲らない頑固な面も持っています。秘密主義的なところがあり、自分のテリトリーには他人を近づけません。感情の起伏の激しさを抑えるのが大切です。

第2章

九紫火星の2024年

2024年の全体運

2024年2月4日～2025年2月2日

地道な努力と周囲を思いやる気持ちが大切

2024年、九紫火星の運気は基礎運です。季節でいえば初冬にあたります。大地を耕して種をまき、春の発芽に備え栄養を与え、準備を整えるとき。前半は2023年の停滞運の影響が残るかもしれませんが、運気は回復してきます。基礎運は今後の運気の土台をつくる大切なとき。ここでしっかりとした土台をつくらないと、いくら努力を続けても実力がつきません。個性的で感性を優先させたいあなたですが、焦らず地道に努力することを心がけてください。欲張らず、今あなたがやるべきことに全力投球すること。評価を求めてもいけません。自分の世界を優先させたくなりますが、人のために何ができるかを常に考え、行動することが運気に合った過ごし方です。

2024年の吉方位　北、南東、北北西

2024年の凶方位　南、東、西、北東、南西、西北西

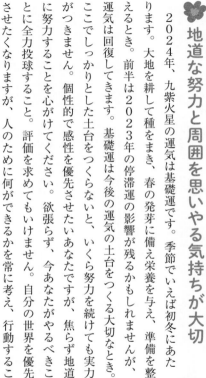

重要なのは楽な道を選ばず、あえてハードルが高いほうを選ぶことです。ミッションをクリアする成功体験を積み重ねることが大切です。チャレンジ精神を持つことで、新しいあなたの土台ができ上がります。仕事でもプライベートでも、なんでも吸収するという意欲を忘れないようにしましょう。規則正しい生活や円満な家族関係も大きな影響を及ぼします。今までの生活を見直し、家族とのコミュニケーションも大切にしてください。

感性より確実性を優先させること

生活や仕事と同様に、人間関係でも土台づくりが重要です。感謝の言葉を忘れない、相手を傷つける言葉は口にしない、約束は守るなど、当たり前のことを実行するようにしてください。ギブアンドテイクの関係、そして互いに学び合える人間関係を築くように心がけましょう。直感で結論を出す前にひと呼吸を置き、物事の全体像を見るようにして運気の波にのってください。

基礎運の2024年は時流を素早くつかむより、確実性を重視して、手堅く進むこと。確かな足跡を残す気持ちで、目標達成に向かって前進しましょう。

2024年の金運

堅実な方法で資金づくりを

もともと金運に恵まれているあなたですが、２０２４年は発展的な金運は期待できない年になります。働きに見合った収入はありますが、大きな収入アップは期待できません。少額でもいいので積み立て貯金などで、目標達成のための資金づくりをしましょう。住宅や結婚資金、教育費など明確な目標がある人は、長期プランを立てること。また、将来のキャリアアップのために資格を取得するなど、自己投資することも運気に合ったお金の使い方です。広く情報収集をして、内容を精査してください。

ただお金をセーブして貯めるだけでは、金運はアップしません。お金は上手に社会の中で循環させて大きく育てることが重要です。内面を充実させるお金や、人のために使うお金は、喜んで社会の中を旅して育ちます。上手なお金の使い方をしてこそ、金運が活気づくことを覚えておいてください。

特にお金の動きが乏しい２０２４年は、お金の使い方を意識することで運気の後押しが変わってきます。まずは、毎日の収支チェックをしてお金の流れをつかむことから始めてみるのもいいでしょう。何にお金を一番使っているのかを自覚することも大切です。その支出は本当に必要なのか、将来にどうつながるのかを考えながら、チェックするようにしましょう。そして、計画通りに貯蓄ができたら、次のステップとして毎月の投資額を増やしてください。

時間の使い方が金運につながる

時間のマネージメントはお金のやりくりにも通じます。計画性が重要な2024年は段取りよく物事を進め、時間に余裕を持つこともポイントになります。ゆとりができたぶん、快適な生活を楽しむ工夫を意識して。家事をおろそかにせず、朝活ができるように段取りをとってみましょう。

思うように出費をコントロールできないときは、金運アップのための基本アクションの実践を。財布の中から過去の記録であるレシートを出し、小額紙幣から揃えて入れること。また、硬貨は紙幣とは別にコインケースに入れるようにしましょう。帰宅後、お財布をバッグの中に入れたままにしておくのもNGです。お財布の収納場所をきちんと決め、お金も休ませてあげてください。

2024年の 仕事運

チームの成果のためにサポートを

まだ本調子とはいえないので、いきなり全力疾走はできません。真摯《しんし》に仕事と向き合ううちに、少しずつ仕事への意欲が湧いてくるでしょう。2024年は地道な努力が大切なとき。与えられた仕事を丁寧にこなしていきましょう。苦手なルーティンワークも細心の注意と集中力で取り組んでください。怠《なま》け心を出すと大きなミスをします。ひとつずつクリアしていく慎重な姿勢が必要です。地味な仕事をコツコツと積み重ねる、縁の下の力持ちのような姿勢がよい運気を招き入れます。あまり周囲の空気を読まないあなたですが、基礎運の2024年は周囲の声を聞く努力をしてください。今まで見えなかったことが見えてくる可能性があります。

新しいことを始めたり、派手なパフォーマンスをしたくなりますが、ここはじっと我慢を。また、不満を口にすることも運気を下げることにつながります。仕事運をアップさせるには、職場環境をよくするように心がけることです。チームで共有できるスケジュール管理表を作り、資料やデータをカテゴリー別にファイリングしてください。あなたの心配りがチームの生産性を上げるでしょう。

２０２４年は転職や独立を考えてもうまくいきません。先見性を持つあなたですが、チャレンジを成功させる準備はまだ整っていません。相談をするなら信頼できる年上の女性に。どうしても仕事に集中できないときは毎朝デスクを拭いて、観葉植物やクリスタルを置くようにしましょう。オフィスがフリーアドレスの場合は、使用後のデスクを拭いてから退席するようにしてください。

相手の立場を意識したコミュニケーションを

チームの連帯感が重要な２０２４年は、職場での思いやりがポイントになります。忙しい人をサポートしたり、ねぎらいの言葉をかけたり、チームが円滑に回るように気遣いを。ストレートな言葉を口にしやすいあなたですが、相手の立場に立った言葉でコミュニケーションをとるように心がけましょう。チームを陰で支えるような意識が必要です。メールでも紋切り型の言葉で冷たい印象を与えないように注意してください。重要な連絡事項は口頭だけでなく記録に残すようにしましょう。また、外出するときはピカピカに磨いた靴を履くこと。靴が汚いとチャンスを失います。

2024年の恋愛・結婚運

信頼が恋の基礎づくりに

ドラマティックな恋は期待できません。2024年の恋愛運は「信頼」がキーワードになります。電撃的な出会いより、身近にいた人がいつのまにか恋人になっていたという運気です。友人や趣味の仲間といった人間関係から、信頼をベースとした関係が生まれそうです。また、周囲のサポートで恋愛運がアップする可能性も。友人や仲間からの誘いには積極的に参加しましょう。

2024年によい出会いを引き寄せるためには、あなたの中に眠っている母性や父性に、磨きをかけてアピールすることです。新しいレシピに挑戦したり、こまめに洗濯をしたり、季節の行事を取り入れた生活を心がけると、あなたの新しい魅力が生まれます。

そして、相手の長所も短所も受け入れるおおらかさを持つこと。条件や外見より、信頼を大事にしながら付き合えるかがポイントです。好きになると情熱的になるあなたですが、アプローチはスローペースで。結論を急ぐと、冷めるのも早くなります。

パートナーがいる人は、相手へのサポートを常に心がけてください。相手の話を最後まで聞く、何気ない日常を一緒に楽しむなど、小さなことがとても大切です。それが信頼を強くすることにつながります。

情熱に冷静さをプラスすること

家族や友人に紹介できない恋人との関係に未来はありません。情熱に突き動かされるままに行動すると、破局を迎えることに。信頼を裏切るような行為、軽率な言動が恋の成就《じょうじゅ》を妨げるのは当然です。付き合う相手と付き合い方を選ばないと、あなた自身の評価を落とすことにもつながります。小さな約束もきちんと守ること。約束が守れなかったら、言い訳をせず素直に謝りましょう。また、献身的な愛は支配や束縛《そくばく》にも変化します。お互いが心地よく自然体でいられるように心がけてください。

結婚を焦ると逆効果になることも。機が熟すのを待つ余裕も持ちましょう。天衣無縫はあなたの魅力のひとつですが、反面わがままと受けとられることもあることを心の隅に置いておいて。パートナーには不満があってもストレートに言わないこと。そして、ときには相手の意見を受け入れることも大切です。

2024年の家庭運

食を通し、気の交換をする

家庭運アップのために毎日の食事の質を上げましょう。できるだけ家族と一緒に食卓を囲み、メニューも栄養バランスのとれたものを考えて。常備菜や作り置きなどを上手に使い、忙しくても一品は手作りしたものを加えてください。食事は作ってくれた人の気を感じられ、家族との会話もお互いの気の交換になり理解が深まります。

また、ダイニングテーブルには余計なものを置かず、ランチョンマットを敷いて食事をする習慣を。献立や季節に合わせてテーブルコーディネートを楽しむのもおすすめです。毎日、陶器の食器を使うと運気がアップします。友人たちとのホームパーティーや子どもの誕生日会も自宅がおすすめ。よい運気に包まれながら生活を楽しめば、自然とエネルギーが充電され、家族全員が前向きな気持ちになります。

ひとり暮らしなら実家に戻り、手伝いをしましょう。母親や祖母と一緒にキッチンで過ごすと、よい気に包まれ運気も安定します。夫婦関係が不安定なら寝室の整理整頓を心がけて。スマホは寝室に持ち込まず、清潔な寝具で休むようにしてください。

2024年の人間関係運

ギブアンドテイクの関係を

本当に信頼できる人との関係を深めましょう。2024年は疎遠になっていた人とのお付き合いが再び始まります。よい知らせが届くように、ブーケアレンジの生花を飾りましょう。姑《しゅうとめ》、祖母、母や姉など年上の女性との間に心配ごとが起きやすくなります。相談を受けたら親身になってあげましょう。困っている人を助けることは、よい運気の積み立てになります。

あなたの手に余ることは、無理をせず上手に人に頼ってください。それが新しい人間関係のきっかけになる可能性があります。ただし、相手に甘えてばかりではいけません。最後の責任はあなたにあることを忘れないで。

無理に人脈を広げようとしても、不安定な関係しか持てません。新しくお付き合いする人とは、プライベートのことや噂話をするのは避けること。SNSの書き込みも節度を持ちましょう。単独行動はとらず、グループで楽しく過ごすようにすれば、円滑なお付き合いができます。

新築・引越しに適した時期

2024年は、新築、引越し、土地の購入、リフォームに適した時期です。引越しをする場合は、現在住んでいる場所から、年の吉方位にあたる北、南東、北北西にある場所を引越し先に選びましょう。できれば年の吉方位と月の吉方位が重なるときにその吉方位に引越すこと。北なら4月、8月、9月、10月、南東なら2月、4月、7月、北北西なら4月、9月、2025年1月は北、南東、北北西がOKです。また、1月は東でもかまいません。ただし、あなたの天中殺《てんちゅうさつ》（50ページ参照）にあたる月は避けましょう。また、あなたが辰巳《たつみ》天中殺の運気の人なら、2024年は年の天中殺になります。世帯主の場合、土地購入までなら問題はありませんが、2025年の節分までは引越しは避けたほうが無難です。

住まいの気を発展させるには部屋の南の風通しをよくし、常にきれいに掃除しておくこと。南西に盛り塩を置くと2024年の運気の波にのることができます。古いものを処分して新しいものに替え、気を整えましょう。

2024年の健康運

胃腸を守り、規則正しい生活を

胃腸に疲労のサインが出やすくなります。食欲不振や胃もたれ、便秘や下痢といった自覚症状が出たら休息を取ってください。ストレスも胃腸に負担をかけるので注意すること。日常生活も基本に立ち返り、規則正しい生活を心がけてください。食事、運動、休養を柱に生活を組み立てましょう。オーガニック野菜や豆類、海藻類などを積極的にとってください。

精神的に疲れを感じたら、植物のパワーを感じられる公園を散歩してリラックスを。ストレッチやヨガでストレスを発散させるのもおすすめです。オーバーウエイトにならないように、体重管理も重要です。

暴飲暴食を避け、消化にいいものをよく噛んで食べるようにしましょう。吹き出物やにきびなど肌トラブルにも注意が必要です。皮膚のバリア機能を低下させないように、乾燥や紫外線ケアを怠《おこた》らないこと。女性だけでなく、男性も肌の保湿を心がけましょう。女性は婦人科系の不調に要注意です。

COLUMN 1

～2024年のラッキー掃除～

情報がスムーズに入るように掃除・整頓を

2024年は情報が入ってくる東の方位(家の中心から見て)が重要になってきます。東に段ボールや古新聞を置いていると、よい情報が入るのを邪魔します。忘れてはならない場所が、冷蔵庫の野菜室。野菜くずや汚れを残さないように水拭きし、食材を整理して収納しましょう。

また、電気関連の場所も大切なポイントです。分電盤やコンセントカバーなどにホコリを残さないように。パソコン本体はもちろん、キーボードの溝《みぞ》も綿棒などを使って、清潔さを維持するようにしてください。

第3章
九紫火星の運気を上げる風水習慣

金運アップのアクション

長財布に
取り替える

財布の中の整理も重要

２０２４年の金運アップのアクションは、長財布に取り替えることです。二つ折財布やミニ財布などもありますが、紙幣を折りたたまず収納できる長財布がおすすめ。中身が見やすく整理整頓もしやすいので、金運アップを期待できます。色はオレンジ系を選びましょう。

お財布は2月の初午の日に買いましょう。新調したお財布を使い始めるのは、庚申の日がベストです。あなたの吉方にあたる神社をお参りして、さらに金運をアップさせましょう。

お金の風水

カトラリーをピカピカに磨く

２０２４年は活気にあふれ、会食やパーティーが多くなります。パーティーに参加して人脈を広げることが金運を開く鍵。家庭でもパーティーに欠かせない銀やステンレスのカトラリーを磨きましょう。それも顔が映るぐらいピカピカにしておくこと。

磨き上げたカトラリーはアイテム別にまとめ、上下を揃《そろ》えて収納を。引き出しは隅々まできれいにして、ホコリやゴミを残さないことも大切です。

家でもBGMを楽しむ

２０２４年の中宮・三碧は音や響きを象徴する星です。コンサートやライブを楽しむのはもちろん、家の中でも好きな音楽を聴くとよい気を呼び込めます。家事をするときやバスタイム、メイクをするときもＢＧＭを流して音を楽しむといいでしょう。いつも美しいメロディーやリズムに触れていると、自然にパワーを充電できます。

特にきれいに掃除した部屋の中央で、音楽を聴くのがおすすめです。

仕事運アップのアクション

書類やデータを整理する

ラベリングにもこだわって

2024年の仕事運アップのアクションは、書類やデータを整理することです。随時チェックして優先順位をつけ、不要なものは処分しましょう。書類はファイリングしてラベルなどでわかりやすく分類すること。パソコンのデスクトップも、ファイルやフォルダを作ってきれいに並べ、仕事の効率をアップさせましょう。

企画書などは東か南の方位で書くと、アイデアが湧いてきます。パソコンのそばにクリスタルを置いて気を整えるとさらに効果的です。

仕事の風水

こまめに情報を更新する

数字が並んでいるカレンダーは仕事運をアップさせます。さらに2024年は情報の更新が重要なポイントになります。きちんと月や日ごとに新しいページをめくるようにすること。また、手帳には新しいアイデアやミッションを書き込むといいでしょう。

パソコンも古いデータをいつまでもデスクトップに置かないようにしましょう。データは保存するか削除し、ソフトのアップデートも忘れないこと。

北西のスペースを整える

仕事運を司る方角は北西です。家の中心から見て北西の場所や部屋を常にきれいに整えてください。2024年は、木製アイテムがよい気を呼び込みます。北西の方角に木製のブックエンドや文具箱を置き、毎日の拭き掃除も欠かさないように。

キャビネットやデスクを置く場合は、書類などを置きっぱなしにせず、引き出しの中に片づけて。整理整頓で、仕事がしやすい環境をキープしましょう。

恋愛・結婚運アップのアクション

南の窓に
サンキャッチャーを吊るす

お手入れも忘れずに

2024年の恋愛・結婚運アップのアクションは、南の窓辺にサンキャッチャーを吊るすことです。南は九紫火星が住まいの中で大切にしたい方位。九紫のシンボルである太陽がサンキャッチャーを通して室内に広がると、運気がアップします。南の窓辺にサンキャッチャーを吊るし、いい気を部屋中に拡散させましょう。

サンキャッチャーにホコリがつくとパワーがダウン。部屋とともに掃除を徹底し、光のパワーを取り入れ、運気アップを目指しましょう。

おそうじの風水

東に植物を置き、世話をする

植物は風水のラッキーアイテムのひとつです。三碧の年は東の方角からよい情報が入ってきます。2024年は東に観葉植物や生花を置きましょう。観葉植物の葉にホコリが残らないようにやさしく拭き、花瓶の水は毎日取り替えること。鉢や花瓶も汚れをとるように心がけてください。

枯れた葉や花は邪気になります。こまめに手入れして、枯れたものを残さないようにしてください。

楽器や電化製品を手入れする

2024年は音にかかわるものが重要なアイテムになります。ピアノやギターなど楽器にホコリを残さないように手入れしてください。普段使わないものでも、こまめにお手入れを。しまい込んでいる楽器も同様です。

また、三碧は電気の象意も持っています。エアコンや冷蔵庫、テレビ、電子レンジなどの電化製品もきれいにすることが大切です。細かい部分まで丁寧に掃除してください。

住宅運アップのアクション

窓ガラスを
磨く

明るい部屋で過ごして

２０２４年の住宅運アップのアクションは、窓ガラスを常に磨くことです。太陽がさんさんと降り注ぐ空間にすることが運気アップのポイントです。ユニークなインテリアアイテムが好きな九紫火星ですが、何かを飾るよりも、太陽の光を入れることを大切にしましょう。明るい部屋で過ごすことで活力が生まれ、家族の健康が守られます。窓の掃除は習慣にしましょう。

日々のお手入れは水拭きでＯＫです。休みのときはガラスクリーナーを使い、念入りに磨きましょう。

住まいの風水

花を育てる

草花は三碧の象意です。庭があるお宅なら、四季を通して花が咲くようにガーデニングをしましょう。庭がない場合は、ベランダガーデニングで花を育ててください。

また、よい気や情報は玄関やベランダから入ってきます。玄関やベランダに余分なものを置くと、それらがよい情報を遮《さえぎ》ってしまいます。開口部はきれいに整え、気がスムーズに入るようにしましょう。

フローリングを磨く

フローリングに掃除機をかけ、その後、ピカピカになるまで磨き上げましょう。木材の持つパワーを引き出すことができます。また、傷があれば、その手入れも忘れずに。

畳やじゅうたんもきれいに掃除してください。大地に近い床は、大きなパワーが漂う場所です。住まいに大地のパワーを常に取り入れるためにも、床には不要なものを置かず、きれいにしておくことが大切です。

吉方位と凶方位のこと

方位はよくも悪くも運に影響を与えます

風水では、吉方位への神社参りをしてくださいとよくアドバイスします。私自身、ほぼ毎日、日の吉方位にある近くの神社へ散歩をしながらのお参りを欠かさずしています。吉方位とはあなたのライフスターが持つラッキー方位（12ページ参照）とは別のもので、自ら動いていくことでよい気をもたらす方位のこと。自分の生活拠点、つまり住んでいる場所（家）を基点に考えます。

旅行や引越しで方位を気にするのは、自分の運気がよくも悪くも宇宙の磁場の影響を受けるから。でも、吉方位へ動けば、自分の磁力が活性化して気力にあふれ、どんどんよい気がたまっていき、巻頭で述べたような「気を発する人」になるのを手助けしてくれます。

吉方位には年の吉方位、月の吉方位、日の吉方位があり、それぞれライフスターで異なります。凶方位も同様です。生活の中に吉方位を取り入れるときは、目的によって左ページのように使い分けます。

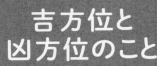

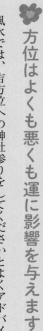

日の吉方位

日の吉方位と凶方位は毎日変わります。スポーツなどの勝負ごとや賭けごと、プロポーズ、商談などその日に決着がつくことには、日のみの吉方位（第4章のカレンダーを参照）を使います。

月の吉方位

月ごとにも吉方位と凶方位は変わります。数日間滞在するような旅行は、月と日の吉方位が重なる日に。風水では月替わりが毎月1日ではないので、第4章の月の運気で日付を確認してください。

年の吉方位

年の吉方位は、その年を通してあなたに影響を与え続ける方位です。引越しや住宅購入、転職は方位の影響を受け続けることになるので、年（26ページ参照）、月、日の吉方位が重なる日に。

天中殺は運気の貯蓄をするとき

運気が不安定になる時期をチェック

天中殺とは、周囲が味方になってくれない時期を意味します。自分でコントロールすることができない運気で、これも私たちが持つ運気のひとつです。

天中殺の時期は、家の外は嵐という状態。出る杭《くい》は打たれるというときなので、何の準備もしないで外＝社会に出ていけば、雨風に打たれて心身ともに疲労困憊《こんぱい》してしまいます。ですから前もって自分の天中殺を知っておくことが大切です。天中殺には運気が不安定になるので、不安や迷いを感じやすくなったり、やる気が出なかったりと、マイナスの影響がもたらされてしまいます。

天中殺は、年、月、日と3種類あり、生年月日によって、子丑《ねうし》天中殺、寅卯《とらう》天中殺、辰巳《たつみ》天中殺、午未《うまひつじ》天中殺、申酉《さるとり》天中殺、戌亥《いぬい》天中殺の6つに分けられます。まずは54ページ、１３３〜１３５ページの表をもとに、自分の生年月日から割り出してみてください。

誰もが受ける社会から降りかかってくる運気

天中殺は社会から降りかかってくる運気です。ですから、極論をいえば、社会に出なければ天中殺の現象を受けることはありません。でも、社会とかかわりを持って生活する以上そうはいきません。天中殺とは逃れることのできない、〝宿命〟のようなものなのです。ただし、何に気をつければいいのかがわかれば、天中殺の現象を軽減させたり、避けたりすることができます。

天中殺の時期は、社会との摩擦《まさつ》を減らす意味で、受け身に徹したり、自分の言動を戒《いまし》めたりすることが肝心です。自分の欲のために行動したり、新しいことをしたりしてもあまりうまくいかないと心しておきましょう。頑張っても努力が報われにくいときなので、それがわかっていればたとえ失敗しても心のダメージは少ないはずです。

天中殺を無難に過ごすためには、天中殺が来る前から風水生活を実践し、運気の貯蓄をすることで気を高めておくことです。本書にある運気に沿った生活をすることもそうですし、吉方位を使った神社参りやゆったりとしたスケジュールの旅行、また、住まいをきれいに掃除するなど、家の環境を整えることもよい運気の貯蓄になります。

年、月、日の3種の天中殺

では、〝宿命〟ともいえる天中殺はいつやってくるのでしょうか？　天中殺には年の天中殺、月の天中殺、日の天中殺があり、12年に2年間やってくるのが年の天中殺、12か月に2か月間やってくるのが月の天中殺、12日に2日間めぐってくるのが日の天中殺です。めぐってくるタイミングも、6つの天中殺によって異なります。

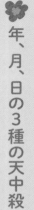

3種の天中殺のうち、運気に一番大きく作用するのが年の天中殺です。年の天中殺のときに、人生の転機となるような選択をするのはおすすめできません。月の天中殺は2か月間と期間が短くなるので、天中殺の現象が集中することもあります。これらの2種の天中殺に比べると、日の天中殺は運気への影響は少ないといえます。とはいえ、いつもなら勝てる相手に負けてしまう、他人の尻ぬぐいをさせられてしまう、異常に忙しくなる、やる気がまったく出ない……といった影響が出ることもあります。日の天中殺は第4章にある各月のカレンダーに記載してあるので参考にしてください。

2024年は辰年で辰巳《たつみ》天中殺の人にとっては、年の天中殺にあたります。ライフスターごとの運気にかかわらず、辰巳天中殺の人は運気に影響を受けるでしょう。でも、自分のライフスターの運気が絶好調の頂上運の場合は、その運の強さが働いて天中殺の現象を軽減してくれることもあります。逆に運気が低迷する停滞運のときは、天中殺の影響が強く出やすいといえます。

年の天中殺がいつやってくるのかは、左の表でチェックしてください。前述しましたように、天中殺の現象を軽減することは可能です。年の天中殺がいつやってくるかを知ったら、ただ待つのではなく風水生活をきちんと実践して、天中殺に向けての準備をしっかりしておきましょう。

あなたの年の天中殺は？

2024年	辰	辰巳天中殺
2025年	巳	辰巳天中殺
2026年	午	午未天中殺
2027年	未	午未天中殺
2028年	申	申酉天中殺
2029年	酉	申酉天中殺
2030年	戌	戌亥天中殺
2031年	亥	戌亥天中殺
2032年	子	子丑天中殺
2033年	丑	子丑天中殺
2034年	寅	寅卯天中殺
2035年	卯	寅卯天中殺

天中殺の割り出し方

133～135ページの基数早見表で基数を探し、誕生日を足して割り出します。

例 1980年5月15日生まれの場合

基数		誕生日の日にち		合計
10	+	15	=	25

基数は10で、生まれ日の15を足すと合計が25。右の表から、21～30の「午未天中殺」があなたの天中殺になります。合計が61以上になる場合は60を引いた数になります。

天中殺の早見表

1～10	戌亥天中殺
11～20	申酉天中殺
21～30	午未天中殺
31～40	辰巳天中殺
41～50	寅卯天中殺
51～60	子丑天中殺

♡子丑天中殺　ねうしてんちゅうさつ

子年と丑年が年の天中殺で、毎年12月と1月が月の天中殺です。月の天中殺以外では、毎年6月と7月は社会や周囲の応援が得られにくくなるので要注意。この天中殺の人は、他人のために進んで働くタイプ。目上の人の引き立ては少なく、自分自身で新しい道を切り開いていける初代運を持っています。目的に向かってコツコツ努力する大器晩成型です。

♡寅卯天中殺　とらうてんちゅうさつ

寅年と卯年が年の天中殺で、毎年2月と3月が月の天中殺です。月の天中殺以外では、毎年5月は社会からの支援が得られにくくなるので要注意。この天中殺の人は、失敗してもクヨクヨせず、6つの天中殺の中で一番パワフル。度胸はいいほうですが、少々大雑把《おおざっぱ》な性格です。若い頃から親元を離れて生きていく人が多いようです。

♡辰巳天中殺 たつみてんちゅうさつ

辰年と巳年が年の天中殺で、毎年4月と5月が月の天中殺です。月の天中殺以外では、12月と1月は周囲の協力や支援を得にくく孤立しがちなので要注意です。この天中殺の人は、型にはまらず個性的で、いるだけで周囲に存在感をアピールできるタイプ。行動力は抜群で、苦境に立たされても乗り越えるたくましさを持っています。

♡午未天中殺 うまひつじてんちゅうさつ

午年と未年が年の天中殺で、毎年6月と7月が月の天中殺です。月の天中殺以外では、11月と12月は周囲の支援が得られないだけでなく、体調を崩しやすくなる時期。この天中殺の人は、冷静で情報収集が得意。先を見て行動する仕切り屋タイプが多いようです。困ったときには誰かが手を差し伸べてくれる運の強さを持っています。

♡申酉天中殺 さるとりてんちゅうさつ

申年と酉年が年の天中殺で、毎年8月と9月が月の天中殺です。月の天中殺以外では、社会からの支援や協力を得にくくなる4月と5月は言動に要注意。この天中殺の人は、ひとりで複数の役目をこなす働き者。でも、キャパを超えると右往左往することも。世の中の動きを素早くキャッチし、金運にも恵まれています。

♡戌亥天中殺 いぬいてんちゅうさつ

戌年と亥年が年の天中殺で、毎年10月と11月が月の天中殺です。月の天中殺以外では、毎年6月と7月はなんらかの環境の変化で悩むことが多くなる時期。この天中殺の人は、6つの天中殺の中で一番多くの試練に遭遇《そうぐう》します。でも、自力で道を開き、周囲のエネルギーを自分のパワーに変えていける強さを持っています。

COLUMN 2

～2024年のラッキー家事～

音が出るアイテムと家電の手入れを

三碧木星の象意のひとつは音です。2024年は音が出るものを常にきれいにすると、よい情報が入りやすくなります。楽器やドアベルなどはホコリを払い、水拭きできるものは水拭きを毎日の掃除に組み入れましょう。

電気や振動も三碧の象意。キッチンにあるフードプロセッサーやブレンダー、コーヒーメーカー、電子レンジも汚れを残さないようにきれいに掃除してください。テレビ、ヘッドホン、スマホなど音にかかわる電化製品もホコリを残さないようにしましょう。

第4章 九紫火星の毎日の運気

2024年の運気

4月から運気は上向きに

2024年は改革運からスタート。環境や人間関係に変化がありますが、内面を見つめ、気持ちをリセットするときです。2月は運気のよさを感じる頂上運ですが、3月は運気が落ち込みます。その後は11月に向けて右肩上がりの運気になります。

最強月の頂上運は2月と11月にめぐってきます。あなたの活躍が注目され、勝負運にも恵まれるでしょう。周囲の人からサポートも得られるので、物事がスムーズに運びます。臆さず、前向きな姿勢で期待に応えましょう。恋愛月の5月は素敵な出会いに恵まれそう。気になる人には自分からアプローチしてみましょう。仕事で一定の実績をあげられるのは8月。リーダーシップを発揮し、ポジティブマインドで過ごしてください。気をつけたいのが3月と12月にめぐってくる停滞運です。運気が不安定になり気分も落ち込みがち。しっかり休養をとることが運気の底上げになります。金運

2024年の波動表

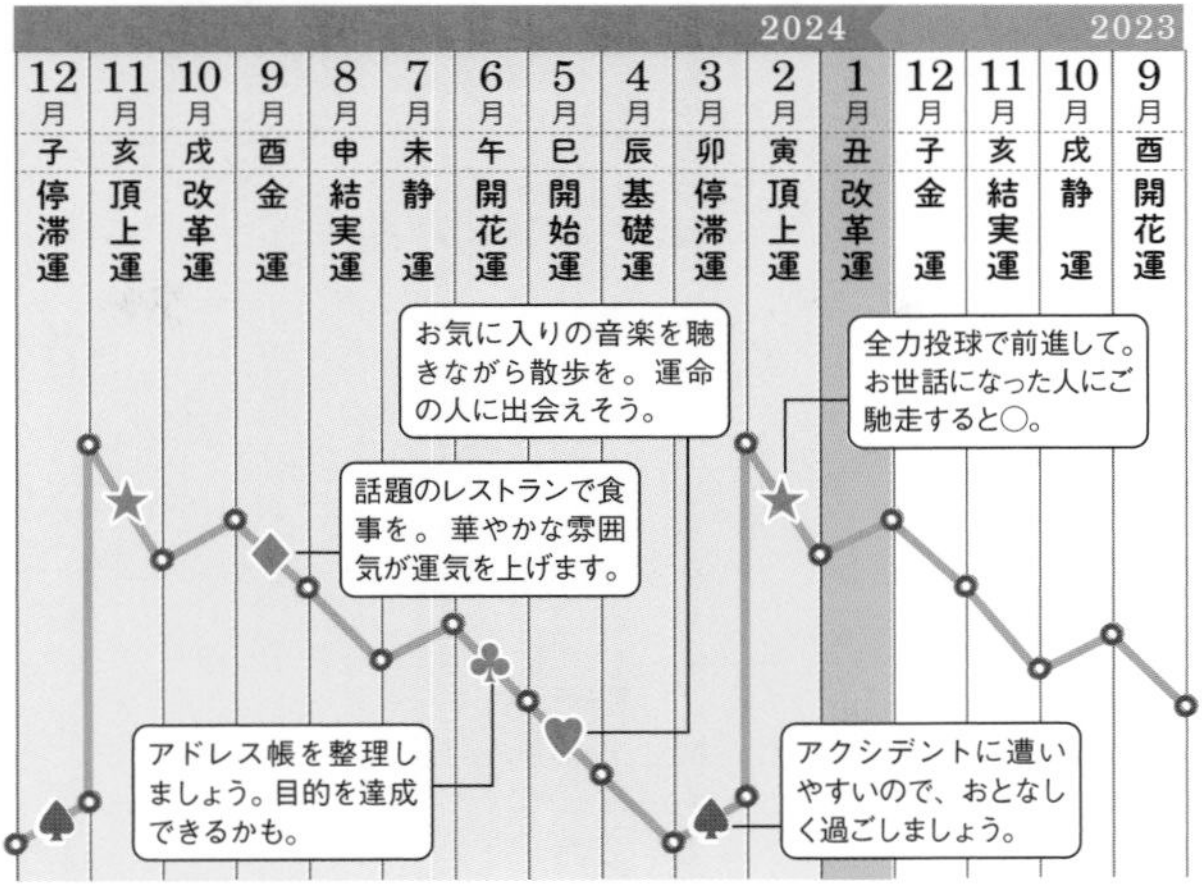

9つの運気

停滞運	芽吹きを待つといった冬眠期で、しっかり休んでエネルギーを充電したいリセット期。
基礎運	そろそろ活動しはじめることを考えて、足元をしっかり固めておきたい準備の時期。
開始運	種まきをするときで、物事のスタートを切るのに適している時期。
開花運	成長して花を咲かせるときなので、行動的になり、人との出会い運もアップします。
静　運	運気の波が安定するリセット期。外よりも家庭に目が向き、結婚に適した時期。
結実運	これまでの行動の成果が出るときで、社会的な地位が高まって仕事での活躍が光る時期。
金　運	努力が実を結ぶ収穫期で、金運に恵まれるとき。人付き合いも活発になります。
改革運	今一度自分と向き合いたい変革期。変化には逆らわず、身をまかせたいとき。
頂上運	運気の勢いが最高のとき。これまでの努力に対する結果が現れる、頂上の時期。

にも恵まれないので、貯金は崩さないよう、収支の管理をしましょう。また、2か月間続く自分の月の天中殺には、争いごとは避け、受け身の姿勢で過ごしてください。

★ 強運、♠ 要注意、♥ 愛情運、◆ 金運、♣ 人間関係運

2023 September

開花運 2023.9.8 ～ 2023.10.7

出会いが増えそう。身だしなみを大切に

9月

新しい交友関係から、チャンス到来

人脈が新しいチャンスを運んで来るときです。人と会う機会をどんどんつくり、さらに交友関係を広げましょう。まわりの人の協力を得て物事を進めると、スムーズに運びます。どんな人に対しても大人の態度で接するようにしてください。あなたを応援してくれる人からのアドバイスは素直に聞きましょう。新しく出会った人はもちろん、昔からのご縁も大切にすること。出会いが増えるぶんトラブルもありますが、人を見極める目を養うように。特に、初対面の人からの依頼はすぐに受けず、いったん持ち帰って検討しましょう。

人とのコミュニケーションが幸運の鍵。好印象を与えるよう、身だしなみはいつも整えましょう。家の玄関も掃除をし、いい気を取り込むようにしてください。

9月の吉方位	北東
9月の凶方位	北、南、東、北西、南東、南西

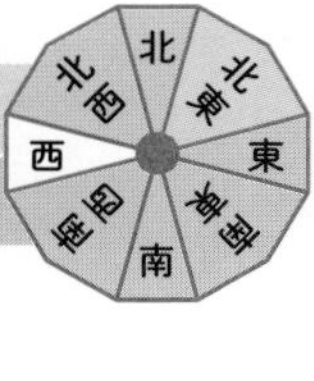

2023 October

10月

静運 2023.10.8 〜 2023.11.7

運気はいったん停止。疲れを癒して

前進は控え、ひとりの時間を大切に

前月のような活動はいったんお休みし、省エネモードでパワーを蓄えるとき。少しペースを落として、無理しないことが肝心です。順調に進んでいたことがうまくいかなくなりとまどいを感じても、冷静さを保ちましょう。周囲に目を向けるのではなく、自分の内面のケアを優先させて。現状をキープし、不必要にアクションを起こす必要はありません。裏表のない言動で信頼を深めましょう。他人のアドバイスを受け入れるのが苦手でも、素直に聞く心がけが大切です。

気疲れから体調を崩すかもしれません。食生活や睡眠の質など生活習慣を見直し、リラックスモードで。疲れたら早めに帰宅し、家族や友人など親しい人と過ごす時間を大切にしてください。

10月の吉方位	北東
10月の凶方位	北、南、東、北西、南西、東南東

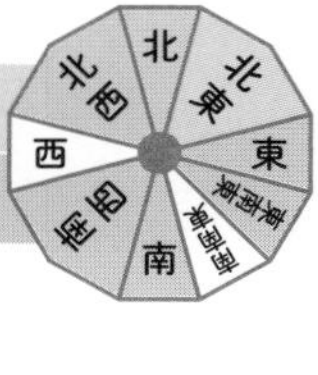

2023
November

結実運　2023.11.8 ～ 2023.12.6

運気は上昇。協調性を意識して

11月

仕事パワー全開で、高い目標を持つ

意欲的に動くことができ、あなたの活躍が光るときです。仕事運が上々なので、昇進や昇格に伴う収入アップも見込めそうです。目標も達成され、周囲に認められることもあるでしょう。運気の後押しがあるので、さらなるステップアップを目指してください。パワーがみなぎるので独断で進めがちですが、周囲と歩調を合わせることも大切です。上司や先輩、両親からのアドバイスはしっかり聞きましょう。目上の人からの信頼を得ることで、さらに発展していく運気です。

パワー全開になりますが、自己過信は禁物です。柔軟な姿勢と心にゆとりを持ちましょう。仕事関連の会食などが増えそうですが、いつ、どこに招かれてもいいように身だしなみは整えておきましょう。

11月の吉方位　北、南

11月の凶方位　東、西、北東、北西、南東、南西

2023 December

12月

金運 2023.12.7 ～ 2024.1.5

華やかな1か月に。仕事では緊張感をキープ

楽しいお誘いが増え、華やかな年末に

楽しいお付き合いに恵まれる華やかな運気です。仕事はもちろんプライベートでも多くの人と会い、お誘いも増えそう。新しい出会いや人脈は、あなたを成長させるだけでなく、大きな財産になります。年末に向けたさまざまなイベントには、積極的にアクセスしましょう。自然な振舞いを心がけ、多くの人と交流してください。お金や財をもたらすチャンスを運んできてくれる人との出会いも期待できそう。慢心せず誠実な態度を心がければ、そのまま運気の波にのることができます。

人付き合いが増えますが、飲みすぎ食べすぎには気をつけましょう。プライベートが充実しても、仕事をおろそかにしてはいけません。年末は大掃除もしっかり行い、1年ぶんの邪気を祓《はら》いましょう。

12月の吉方位	北、南西
12月の凶方位	南、東、西、北東、南東

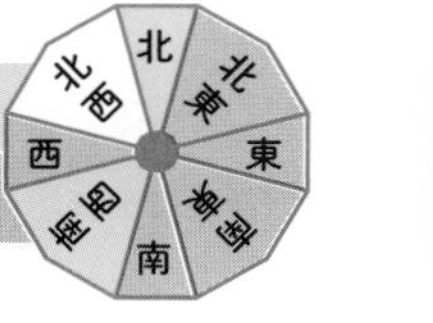

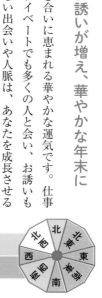

2024
January

1月

改革運　2024.1.6～2024.2.3

開運3か条
- テーブルに花を飾る
- 初詣へいく
- エコを心がける

周囲に惑わされず、現状維持を心がけて

新年を迎えて身辺にさまざまな変化があらわれます。望むと望まないとにかかわらず、変化の波を受け入れる姿勢が大切。直感力に優れたあなたは、同時に冷静な分析能力も持ち合わせています。新しいことには手を出さず、どんな選択もリスクを避けるようにしてください。判断に迷うなら親類に相談するなど、より慎重になり結論を急がないことです。転職や引越しなど、現状からの変化を望む気持ちが芽生えても、いまはそのときではありません。家族が顔を合わせるチャンスが多くなる1月。将来の相続や事業の後継者問題など、大事なことを話し合うのにもいい機会になります。

体調の変化に気づいたら、早めに対処してください。残業や夜更かしは避け、家でゆったり過ごしましょう。

1月の吉方位	北、東
1月の凶方位	南、北東、北西、南東、南西

この天中殺の人は要注意

子《ね》丑《うし》天中殺

上司や目上の人とのトラブルに注意してください。想像以上に解決に苦労しそう。信頼関係を維持する努力が必要です。また、交通事故にも要注意。車は丁寧に整備し、常に安全運転を心がけてください。

仕事運

同僚や取引先の担当者が異動するなど、環境が大きく変化しそう。これまでのやり方が通じなくなりとまどうこともありますが、流れに逆らわず冷静に状況を見守りましょう。リスクを想定し、トラブルの芽は早めに摘んでおくこと。スケジュール管理はスマホだけでなく、手帳にも記載しダブルチェックしてください。

金運

デパートの初売りセールで出費がかさみそう。アプリなどで出費の無駄をチェックし、買い物は欲しいものよりも必要なものだけにしておきましょう。これを機にマネープランを考え、情報を集めるのもおすすめ。家族と相続の話をするのもいいときです。

愛情運

自分からは動かず、受け身でいるほうが良縁に恵まれます。チャンスでも、あなたの魅力が伝わりにくく恋のスタートに向きません。髪型やファッションなどでイメージチェンジをして、運気が高まるのを待ちましょう。パートナーとは結婚に向けての話が出るかも。相手の立場を思いやることがさらなる幸せを引き寄せます。

1月のおそうじ風水 ▸ **引き出し。中身を全部出して、水拭きして。**

日	六曜／天中殺 祝日・歳時記	毎日の過ごし方 ★強運日 ♠要注意日 ♥愛情運 ◆金運 ♣人間関係運	吉方位	ラッキーカラー
1 月	赤口／子丑 元日	新しい年は、気持ちのよい挨拶と笑顔からスタートすると吉。	東、西、北東	黄緑
2 火	先勝／子丑	♥ パートナーと初詣にいきましょう。心の距離が縮まります。	北西	赤
3 水	友引／寅卯	1日の計画を立てましょう。だらだらと過ごさないように。	北、北西、南東	山吹色
4 木	先負／寅卯	♠ 気疲れしやすいかも。自分なりの方法でリラックスすると○。	東	黒
5 金	仏滅／辰巳	忙しくなりますが、身だしなみはきちんと整えておくように。	東、北東、南東、南西	オレンジ
6 土	大安／辰巳 小寒	トイレの掃除を念入りに。ミニサボテンを飾ると運気UP。	北、東、西	ピンク
7 日	赤口／午未	新年会に誘われたら参加を。楽しむことが金運を刺激します。	北、南、北西、南西	赤
8 月	先勝／午未 成人の日	他人からの忠告は、ありがたく素直に受け入れましょう。	北、南	白
9 火	友引／申酉	自己主張ばかりせず、謙虚な姿勢で。常備菜を作りましょう。	西、北東、南東	金色
10 水	先負／申酉	困っている人がいたら声をかけて。物事がスムーズに運びます。	東、西、北東	黄緑
11 木	赤口／戌亥	事前の準備はしっかりと。会議で積極的にアイデアを出して。	北西	ワインレッド
12 金	先勝／戌亥	朝、起きたらベッドを整えてから出かけると運気が回復。	北、北西、南東	黒
13 土	友引／子丑	定期検診の予約をしましょう。体のメンテナンスは基本です。	東	紺色
14 日	先負／子丑	仲間との絆が深まる日です。おしゃれをして外出すると吉。	東、北東、南東、南西	紫
15 月	仏滅／寅卯	勢いだけで行動すると空回りしそう。冷静な判断が必要です。	北、東、西	キャメル

日	曜日	六曜／干支	運気	方位	色
16	火	大安／寅卯	◆金運が良好。他人のためにお金を使うと満ち足りた気持ちに。	北、南、北西、南西	赤
17	水	赤口／辰巳	いつもより早めに出勤し、デスクまわりを整理すると○。	北、南	水色
18	木	先勝／辰巳 土用	守りの姿勢が吉。仕事よりプライベートを優先しましょう。	西、北東、南東	黄色
19	金	友引／午未	人脈を広げるチャンス。きれいに磨いた靴で出かけましょう。	東、西、北東	ペパーミントグリーン
20	土	先負／午未 大寒	気になるスポーツに挑戦してみても。ひらめきがあります。	北西	茶色
21	日	仏滅／申酉	買うかどうか悩んだら、今日は買わないほうがよさそうです。	北、北西、南東	黒
22	月	大安／申酉	失敗しても気持ちを切り替え前向きに。おしゃれな靴下が吉。	東	水色
23	火	赤口／戌亥	★希望が叶うチャンスが。積極的に前に出てアピールしてＯＫ。	東、北東、南東、南西	ベージュ
24	水	先勝／戌亥	イライラしているかも。手作り弁当で栄養バランスを考えて。	北、東、西	金色
25	木	友引／子丑	ここぞというときに奮発して。皮肉は言わないように注意を。	北、南、北西、南西	黄色
26	金	先負／子丑	ステップアップできるテーマがみつかりそう。時計は磨くこと。	北、南	青
27	土	仏滅／寅卯	気を抜いて忘れ物をしそう。休み時間はしっかり休息をとって。	西、北東、南東	クリーム色
28	日	大安／寅卯	♣人との交流を活発にすると、思わぬ場面で問題が解決します。	東、西、北東	銀色
29	月	赤口／辰巳	自分の考えを伝えるときは、相手の目を見てゆっくり話して。	北西	碧（深緑）
30	火	先勝／辰巳	急にスケジュールの変更があるかも。臨機応変に対応を。	北、北西、南東	山吹色
31	水	友引／午未	悩みが増えてブルーな気分に。あたたかいお茶でリラックス。	東	水色

＊祝日法の改正により、祝日や休日が一部変更になることがあります。

頂上運　2024.2.4〜2024.3.4

開運3か条
- 映画館へ行く
- 窓ガラスを磨く
- プレゼントをする

運気は最好調！　ポジティブ思考で開運

9つある運気の中で、一番高い位置の頂上運がめぐってきます。パワーがあるので、何事も全力投球で取り組みましょう。このチャンスを生かし、大きく前進する人もいるはず。希望していたポジションについたり、地位がある人との縁が生まれたりするかもしれません。ただし、調子がいいからと慢心して自分本位になると、せっかくの運気が下がってしまいます。運気の波にのれない人は、今までの努力がまだ足りないのかも。そのことを真摯に受け止め、立て直しにかかりましょう。

勢いにのって向学心も旺盛になります。新しい趣味や資格の勉強を始めるといい結果につながりそう。フル回転で活動するので、ときには日向でのんびり過ごしパワーを充電しましょう。

2月の吉方位	北東、南東、南南西
2月の凶方位	北、南、西、北西、西南西

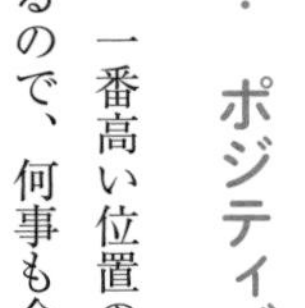

寅卯天中殺《とらう》

この天中殺の人は要注意

家族内でお墓や相続問題で誤解が生まれそう。特に母親やきょうだいには、誤解されないように丁寧な言葉で話し合うようにしてください。遅刻が大きなトラブルにつながるので注意しましょう。

仕事運

希望のポジションを得たり、賞賛を浴びたりして注目されます。これまであたためてきたアイデアもどんどんアピールしましょう。自分のやりたいように動いてOKですが、謙虚な姿勢は忘れないこと。成功は自分ひとりのものではないと心に留めておきましょう。忙しすぎて集中力がなくなるので、ケアレスミスに注意して。

金運

仕事が順調なので金運は上々ですが、交際費が増えそう。気づかないうちに散財することがないよう、毎日の収支は把握《はあく》すること。お財布の中は常に整理し、余分なお金を持ち歩かないようにしましょう。くじ運がいいので、宝くじを購入してもいいかも。

愛情運

※寅卯天中殺の人は新しい出会いは先にのばして

公私ともに出会いが増えるので、シングルの人にはチャンスです。高望みしがちですが、真摯に向き合えばいいご縁に恵まれます。人と会うときは、アクセサリーやネイルでおしゃれを楽しみましょう。パートナーがいる人は行き違いからケンカが多くなるかも。お互いの秘密や裏切りが発覚し、突然の別れもあるかもしれません。

2月のおそうじ風水 ▸ **リビング。窓を磨いて太陽の光を入れて。**

日	六曜／天中殺 祝日・歳時記	毎日の過ごし方 ★強運日 ♠要注意日 ♥愛情運 ◆金運 ♣人間関係運	吉方位	ラッキーカラー
1 木	先負／午未	成功を当たり前と思わないで。周囲におすそ分けをすること。	東、北東、南東、南西	オレンジ
2 金	仏滅／申酉	キッチンのシンクを磨くとすっきり。家事を丁寧にこなして。	北、東、西	白
3 土	大安／申酉 節分	◆豆まきをして邪気祓いを。海鮮の恵方巻きがツキを呼びます。	北、南、北西、南西	赤
4 日	赤口／戊亥 立春	住んでいる地域のコミュニティに進んで参加すると開運に。	北、南	銀色
5 月	先勝／戊亥	独りよがりではうまくいきません。省エネモードで過ごして。	西、北東、南東	キャメル
6 火	友引／子丑	♣グループで問題を共有すると同僚とのやりとりがスムーズに。	東、西、北東	青
7 水	先負／子丑	デスクに好きな花を飾ってみて。仕事の効率がアップします。	北西	ワインレッド
8 木	仏滅／寅卯	地味な作業が多くても結果を求めないで。夕食は寄せ鍋が○。	北、北西、南東	キャメル
9 金	大安／寅卯	他人の噂話には加わらずに、聞き流しておくことも必要です。	東	黒
10 土	先勝／辰巳	★自信を持って行動しましょう。アウトドアで過ごすと吉。	東、北東、南東、南西	紫
11 日	友引／辰巳 建国記念の日	今の住環境に満足していないなら、引越しを検討してもOK。	北、東、西	黄色
12 月	先負／午未 振替休日	チャンス到来。アクセサリーはシルバーのブレスレットを。	北、南、北西、南西	赤
13 火	仏滅／午未	自分の調子がよくても、目上の人への尊敬を忘れないように。	北、南	白
14 水	大安／申酉 バレンタインデー	仕事は早めに切り上げて、家族にもチョコレートで感謝を。	西、北東、南東	金色
15 木	赤口／申酉	作業がいきづまったら、ハーブティーでひと息つきましょう。	東、西、北東	黄緑

16	金	先勝／戌亥	♥思いやりの気持ちを言葉にして。関係性が深まりそうです。	北西	茶色
17	土	友引／戌亥	運動不足を感じたら、スポーツクラブに入会するのもあり。	北、北西、南東	山吹色
18	日	先負／子丑	♠体調に気をつけ、無理をしないで早めにベッドに入って。	東	紺色
19	月	仏滅／子丑 雨水	どんな仕事も全力で取り組む姿が、まわりから評価されます。	東、北東、南東、南西	赤
20	火	大安／寅卯	思い込みからピンチに。慎重に考えてから行動に移しましょう。	北、東、西	ピンク
21	水	赤口／寅卯	気持ちが充実しています。笑顔で過ごせば、さらに開運。	北、南、北西、南西	黄色
22	木	先勝／辰巳	新しいプロジェクトに加われそう。名刺入れの整理をして。	北、南	銀色
23	金	友引／辰巳 天皇誕生日	冷静さが求められます。部屋の真ん中に座って深呼吸して。	西、北東、南東	クリーム色
24	土	先負／午未	友人と日帰り温泉にいくと、心も体もリフレッシュできます。	東、西、北東	青
25	日	仏滅／午未	プランターにチューリップの球根を植え、春を楽しむ準備を。	北西	ワインレッド
26	月	大安／申酉	仲間のフォロー役に回ることで、自分の力が発揮できそう。	北、北西、南東	キャメル
27	火	赤口／申酉	無理なスケジュールを立てずに、余裕を持って取り組むと○。	東	白
28	水	先勝／戌亥	★トラブルもチャンスに変えられるとき。集中して取り組んで。	東、北東、南東、南西	赤
29	木	友引／戌亥	感情のコントロールが大事。ハンバーガーでスタミナをつけて。	北、東、西	ピンク

2024
March
3月

停滞運　2024.3.5 〜 2024.4.3

開運3か条
- 下着のおしゃれをする
- 寝室の整理整頓
- ミネラルウォーターを飲む

不満をこらえ、現状維持に努める

先月でエネルギーを使い果たしてしまい、今月は静かにパワーチャージをするときです。トラブルに見舞われ、なんとかしようと自分から動くと事態は悪化します。スランプなのだと考え、無理はしないように。できる範囲のことをクリアできればOKと考えてください。軽い気持ちで噂話に加わると、あなたが責任をとらされる可能性も。社会的活動より、ひとりの時間を楽しむゆとりを優先させましょう。

年度末で忙しくなりますが、なるべく早く帰宅し、読書や音楽・映画鑑賞などで感性に栄養補給を。バスタイムは入浴剤やアロマキャンドルを使って、入浴後はローションパックで春のデリケートなお肌のお手入れを。お花見をかね、温泉を楽しむのもおすすめです。

3月の吉方位	なし
3月の凶方位	北、南、西、北東、北西、南東、南西

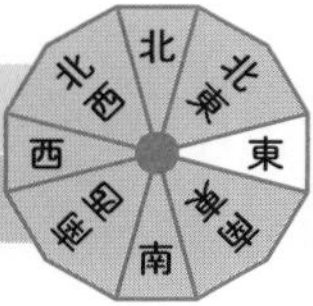

この天中殺の人は要注意

寅《とら》卯《う》天中殺

友人からの頼まれごとは安請け合いすると後々大変なのですぐには引き受けないこと。また、不動産の物件探しや契約を結ぶのは避けたほうが無難。噂話に加わると、信頼を失うことにつながります。

仕事運

自ら動いて何かを成し遂げることができる時期ではありません。現状維持を心がけ、目の前にある仕事に集中しましょう。どのような場面でも裏方に徹し、受け身で過ごすのが正解です。体も疲れやすいので早めに帰宅し、家でゆっくり休むようにしましょう。気の流れが悪くなるので、デスクの下は何も置かないように。

金運

これまで無頓着だったお金の収支をしっかり見直しましょう。増やすより減らさない努力が必要。手作りのお弁当で食費を抑えるなど、あなたなりの工夫をしましょう。ストレス発散のための買い物は後悔のもとですが、自分磨きにかかるお金は出してOKです。

愛情運

出会いを求めて動いても、いい相手とは出会えません。人を見る目も鈍っているので、下心を持つ人を引き寄せてしまうかも。軽率な振舞いはトラブルになるので、なるべく家でおとなしく過ごしましょう。パートナーがいる人はあなたのイライラをぶつけないように。お茶や水を飲んで、気持ちを落ち着けましょう。

3月のおそうじ風水 ▶ **トイレ。掃除をし、スリッパなどは洗濯を。**

日	六曜／天中殺 祝日・歳時記	毎日の過ごし方 ★強運日 ♠要注意日 ♥愛情運 ◆金運 ♣人間関係運	吉方位	ラッキーカラー
1 金	先負／子丑	どんなに親しくても、友人同士のお金の貸し借りはNGです。	北、南、北西、南西	黄色
2 土	仏滅／子丑	人生の先輩や経験者の話には、きちんと耳を傾けましょう。	北、南	銀色
3 日	大安／寅卯 桃の節句(ひな祭り)	ちらし寿司で桃の節句を祝いましょう。家族との時間を大切に。	西、北東、南東	金色
4 月	赤口／寅卯	いつもより早めに家を出ましょう。1本前の電車に乗ると○。	東、西、北東	青
5 火	先勝／辰巳 啓蟄	♥新しい恋の予感。ただし、すぐに目立った行動はしないこと。	北西	ワインレッド
6 水	友引／辰巳	確実にステップアップしています。パジャマを着て就寝を。	北、北西、南東	キャメル
7 木	先負／午未	♠うまくいかないときも、投げやりにならずに原因を考えて。	東	白
8 金	仏滅／午未	あらゆることを吸収できそう。苦手な分野の勉強に挑戦を。	東、北東、南東、南西	赤
9 土	大安／申酉	掃除をまめにすると、汚れの蓄積を防げて運気の底上げに。	北、東、西	ピンク
10 日	友引／申酉	通い慣れたお店で買い物をすると、出費をセーブできます。	北、南、北西、南西	黄色
11 月	先負／戌亥	こまやかな気配りを忘れずに。目上の人からの信頼がUP。	北、南	銀色
12 火	仏滅／戌亥	疲れが出るとき。体調に不安があったらすぐに受診すること。	西、北東、南東	金色
13 水	大安／子丑	♣人脈が広がります。長い時間を過ごす相手は慎重に選んで。	東、西、北東	黄緑
14 木	赤口／子丑 ホワイトデー	生演奏が楽しめる場所でディナーを。特別な時間になりそう。	北西	赤
15 金	先勝／寅卯	人に会うときは手土産を用意して。最中など和菓子が吉。	北、北西、南東	キャメル

日	曜日	六曜／空亡	運勢	吉方位	ラッキーカラー
16	土	友引／寅卯	心の休息が必要かも。無理をせずに家でゆっくり過ごして。	東	黒
17	日	先負／辰巳 彼岸入り	身だしなみを整えてお墓参りへ。感謝の気持ちを伝えましょう。	東、北東、南東、南西	紫
18	月	仏滅／辰巳	今は思い通りにならなくても、淡々とこなしていればOK。	北、東、西	黄色
19	火	大安／午未	◆買い物は計画的にして。メルマガをチェックすると朗報が。	北、南、北西、南西	白
20	水	赤口／午未 春分の日	ペットショップに行きましょう。動物を見るだけでもハッピー。	北、南	青
21	木	先勝／申酉	大人の対応を心がければ、トラブルの心配はないでしょう。	西、北東、南東	クリーム色
22	金	友引／申酉	友人と食事へ。思いもよらなかった有力な情報が聞けるかも。	東、西、北東	ペパーミントグリーン
23	土	先負／戌亥 彼岸明け	やりたかったことにチャレンジを。新しい歯ブラシがラッキー。	北西	茶色
24	日	仏滅／戌亥	家電を購入するときは、口コミサイトの情報を参考にして。	北、北西、南東	キャメル
25	月	大安／子丑	予想外の展開でも冷静に。水を飲むと気分が落ち着きます。	東	紺色
26	火	赤口／子丑	★物事が前進するときです。大切なことは日中にすませること。	東、北東、南東、南西	ベージュ
27	水	先勝／寅卯	弁当を持参して、浮いたランチ代は貯金にまわしてみては。	北、東、西	ピンク
28	木	友引／寅卯	キラキラ光るアイテムが吉。華やかな雰囲気が運気を後押し。	北、南、北西、南西	赤
29	金	先負／辰巳	キャッシュレス決済の使いすぎに注意。何事もほどほどが○。	北、南	水色
30	土	仏滅／辰巳	しっかり朝食をとりましょう。ゆとりある生活を心がけて。	西、北東、南東	金色
31	日	大安／午未	♣笑顔と挨拶を心がけること。チャンスがめぐってきます。	東、西、北東	銀色

2024
April

4月

基礎運　2024.4.4 〜 2024.5.4

開運3か条
- ベランダ菜園を楽しむ
- ボランティアに参加する
- 日本の伝統に触れる

焦らず、確実に歩むことが大切

まだ本調子ではありませんが、徐々に先の見通しがつくようになります。まじめに努力したことがそのまま運気に反映されるとき。与えられた課題を丁寧にこなすことに集中しましょう。ここで楽な道に進もうとすると、結果はついてきません。厳しい道を選ぶことが、あなたの成長にもつながります。気のりしない地味な仕事や面倒なことも、率先して引き受けてください。そして評価を求めず、周囲に花を持たせるように心がけましょう。それが運気を開くきっかけになります。

技術の習得やスキルアップの勉強は、早起きして朝のルーティンにすると身につきやすくなります。芝生の上で、手作り弁当を家族で楽しんで。お弁当はおにぎりにすると、よい気を呼び寄せることができます。

4月の吉方位	北、南東、北北西
4月の凶方位	南、東、西、北東、南西、西北西

この天中殺の人は要注意

辰《たつ》巳《み》天中殺

落雷に遭ったような衝撃的なことが起きそう。かなり体力を消耗するので、柑橘類でビタミンC補給を心がけてください。詐欺に遭いやすい運気になります。十分に注意してください。

仕事運

少しずつやる気が出てきますが、補佐的な役割を進んで引き受けましょう。チームの一員として動くことで、改善点が見えてくるかも。人の意見は素直に聞き、過激な発言はしないように。雑事にも真摯に取り組むと、周囲の信頼を得ることができます。何か新しいことを始めたいなら、今は情報収集にとどめておいて。

金運

少しずつ上向きになりますが、大きな買い物はもちろん、新規の投資は控えましょう。食生活などを見直し、少額でもコツコツと貯めていく習慣を身につけて。アルバイトなど副業を検討するのもあり。打算的にならず楽しく始めるのがおすすめです。

愛情運

※辰巳天中殺の人は出会いより今の恋愛に集中！

人が集まる場所にこまめに顔を出していると、いい出会いがめぐってきます。ドラマティックな展開はなくても、少しずつ進んでいく恋愛が向いているとき。職場の同僚や昔の友人が恋の相手になるかもしれません。パートナーのいる人は聞き役に徹し、穏やかに過ごして。公園でのピクニックやお花見を楽しみましょう。

4月のおそうじ風水 ▶ **ベランダ。床を掃除し排水溝もチェック。**

日	六曜／天中殺 祝日・歳時記	毎日の過ごし方 ★強運日 ♠要注意日 ♥愛情運 ◆金運 ♣人間関係運	吉方位	ラッキーカラー
1 月	赤口／午未	職場で人事異動があるかも。上司の話はよく聞きましょう。	北西	ワインレッド
2 火	先勝／申酉	少しずつ、ベース固めをするとき。生活や環境の見直しを。	北、北西、南東	山吹色
3 水	友引／申酉	問い詰めるとトラブルになるかも。花の水やりを忘れずに。	東	黒
4 木	先負／戌亥 清明	勇気ある決断が幸運を呼びます。おしゃれな文房具が吉。	東、北東、南東、南西	ベージュ
5 金	仏滅／戌亥	友人との食事では、代金を細かく計算して割り勘にすること。	北、東、西	黄色
6 土	大安／子丑	◆これまでの努力が実りそう。支えてくれた人にお礼の連絡を。	北、南、北西、南西	金色
7 日	赤口／子丑	桜を見に出かけてみては。メロンソーダが幸運を呼びます。	北、南	青
8 月	先勝／寅卯	八方塞《ふさ》がりかも。できるところから片づけて無理はしないで。	西、北東、南東	クリーム色
9 火	先負／寅卯	もらった名刺は、ファイルに整理しましょう。笑顔を心がけて。	東、西、北東	ペパーミントグリーン
10 水	仏滅／辰巳	テンションが上がったときこそ、自分を見失わないように。	北西	碧（深緑）
11 木	大安／辰巳	重要な仕事をまかされそう。昼食はおにぎりがおすすめ。	北、北西、南東	山吹色
12 金	赤口／午未	現状が維持できていればOK。ときには断る勇気も必要です。	東	白
13 土	先勝／午未	★勝負運があります。やってみたかったことにチャレンジを。	東、北東、南東、南西	オレンジ
14 日	友引／申酉	部屋のカーテンを春らしい色に替えると、やる気がアップ。	北、東、西	ピンク
15 月	先負／申酉	思わぬ収入があるかもしれません。使い方は慎重に考えて。	北、南、北西、南西	黄色

16 火	仏滅／戌亥 土用	帰宅したら、履いた靴を拭いてから靴箱へ。整理整頓が吉。	北、南	銀色
17 水	大安／戌亥	ほんのささいなことでいいので、人のために行動すると開運に。	西、北東、南東	キャメル
18 木	赤口／子丑	♣ 迷ったらまわりの人に相談して。運に弾みがつき、チャンスが。	東、西、北東	青
19 金	先勝／子丑 穀雨	♥ 行動的になると恋を引き寄せます。イヤホンの音量に注意。	北西	赤
20 土	友引／寅卯	豆類が入ったサラダランチが○。運気が上昇しそう。	北、北西、南東	山吹色
21 日	先負／寅卯	♠ 疲れたら、好きなことをして穏やかに過ごす時間を大切に。	東	紺色
22 月	仏滅／辰巳	集中力が続かない日。太陽の光を浴びて深呼吸しましょう。	東、北東、南東、南西	ベージュ
23 火	大安／辰巳	小さなことで悩むかも。客観的な視点で物事を考えるように。	北、東、西	キャメル
24 水	赤口／午未	お金の流れを見直して。やりくり上手な人にコツを聞くと○。	北、南、北西、南西	金色
25 木	先勝／午未	上司と積極的に話して、アドバイスをもらいましょう。	北、南	白
26 金	友引／申酉	家にある食材で作り置き料理を。フードロスをなくすと吉。	西、北東、南東	黄色
27 土	先負／申酉	ストレスは無意識のうちにたまります。家族との会話で解消。	東、西、北東	ペパーミントグリーン
28 日	仏滅／戌亥	音楽を聴きながら家事をすると、いつもよりはかどりそう。	北西	ワインレッド
29 月	大安／戌亥 昭和の日	リサイクルショップに行くと、掘り出し物に出合える予感。	北、北西、南東	山吹色
30 火	赤口／子丑	うっかりミスがありそう。ゆっくり確認しながら進めて。	東	水色

開始運　2024.5.5 ～ 2024.6.4

開運3か条
- 新しい分野に挑戦してみる
- わかりやすい言葉で話す
- ガーデニングを楽しむ

チャレンジ精神が開運を呼び込む

新たな出会いに恵まれます。初夏の風のように、人々の間を軽やかなステップで進みましょう。チャンスだと思ったら、すぐ行動を！　また、準備を進めてきたことがあるなら実行に移すときです。未知の分野でも臆さず挑戦していくことが、今後への飛躍につながります。エネルギッシュに活動して運気の波にのっていきましょう。また、公私ともに人気運が上がり、華やかな雰囲気に包まれます。気持ちも高まりますが、軽率な言動や見栄を張ることには注意が必要。そして着手したことは、最後までやり遂げることが大切です。

新しい趣味やスポーツを始めるのにも適した運気です。年下の世代と交流して、トレンドをキャッチしましょう。疲れたら新茶を飲んでひと休みを。

5月の吉方位	なし
5月の凶方位	北、南、東、西、北東、南東、南西、北北西

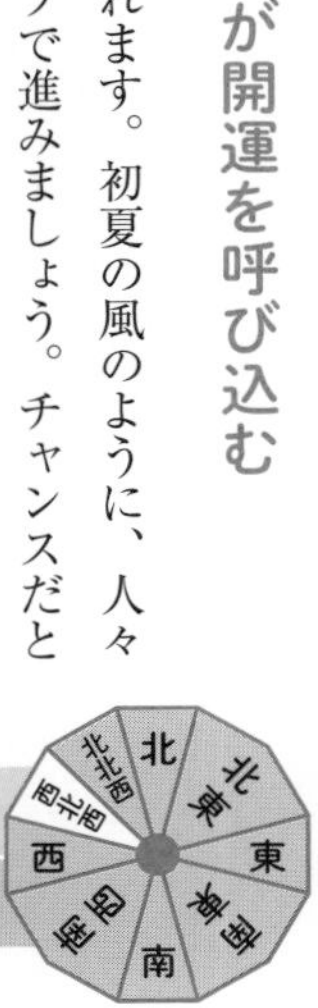

PRESENT

『九星別ユミリー風水』16周年記念
読者プレゼント

読者の皆さまへ感謝の気持ちを込めて、
プレゼント企画を実施中です。

＼金運UP！／
招き猫

ゴールドのかわいらしい招福金運招き猫。
金運はもちろん、人を呼び込んで人気運もアップ。
玄関に向かって正面の位置
もしくは西の方角に置くと○。

A賞
招き猫
5名様

B賞
図書カード（1000円）
20名様

応募方法

大和書房ユミリーサイトへアクセス！
https://www.daiwashobo.co.jp/yumily/

ユミリープレゼント で検索

携帯電話はこちらから

応募フォームに必要事項をご記入のうえ、
ご希望の商品を選んでください。

▶▶ 応募締め切り
2024年2月29日（木）

この天中殺の人は要注意

辰巳《たつみ》天中殺

油断が大きなミスにつながります。どんなことも手を抜かず、ダブルチェックを忘れないように。頑固になると、身動きがとれなくなります。相談ごとは実母か、子どもを持つ女性の友人に。

仕事運

※辰巳天中殺の人は新しい仕事は先にのばして

新しいことにチャレンジしていいとき。積極的に発言して仕事に取り組めば、責任あるポジションへの抜擢も期待できます。猪突猛進になりがちですが、自分中心に進めると信頼を失うことに。人の話は素直に聞き、発信するときはわかりやすい言葉を使って。SNSを使った情報発信も検討してみましょう。

金運

お付き合いが増え、交際費がかかります。メリハリのあるお金の使い方を意識し、収支を管理すれば問題ないでしょう。お世話になった人に食事をご馳走したりプレゼントを贈ったりするのがおすすめ。人のために使うお金はあなたの元に返ってきます。

愛情運

※辰巳天中殺の人は新しい出会いは先にのばして

コンサートやライブなど音楽関係のイベントに新しい出会いがありそう。良縁に恵まれるので、チャンスとみたらすぐに行動しましょう。アプローチするときはおしゃれをして、目力をアップさせるメイクにこだわって。パートナーがいる人はふたりの仲が発展するかも。寝室に好きな香水の瓶を置くと運気がアップします。

5月のおそうじ風水 ▶ **スマートフォン。画面をピカピカに磨いて。**

日	六曜／天中殺 祝日・歳時記	毎日の過ごし方 ★強運日 ♠要注意日 ♥愛情運 ◆金運 ♣人間関係運	吉方位	ラッキーカラー
1 水	先勝／子丑 八十八夜	★人気運がアップします。人に囲まれて楽しい1日になりそう。	東、北東、南東、南西	紫
2 木	友引／寅卯	臨機応変に対応をしましょう。固定観念は捨てたほうが○。	北、東、西	ピンク
3 金	先負／寅卯 憲法記念日	臨時収入があるかも。話題のお店で自分へのご褒美スイーツを。	北、南、北西、南西	金色
4 土	仏滅／辰巳 みどりの日	名所旧跡をゆったりめぐって。プラス思考になり運気アップ。	北、南	白
5 日	大安／辰巳 こどもの日 立夏	ワインとそれに合うチーズを食べるとリッチな気分になります。	西、北東、南東	クリーム色
6 月	赤口／午未 振替休日	ルームフレグランスでラベンダーの香りを部屋に満たすと○。	東、西、北東	黄緑
7 火	先勝／午未	♥相手にわかりやすく、ゆっくり話すと恋愛運が上昇します。	北西	茶色
8 水	仏滅／申酉	人の先頭に立つよりも、縁の下の力持ちに徹することが大切。	北、北西、南東	黒
9 木	大安／申酉	体調の変化に注意。早めの就寝が運気を回復させる鍵です。	東	紺色
10 金	赤口／戌亥	頭に浮かんだアイデアを生かすと、ステップアップできそう。	東、北東、南東、南西	ベージュ
11 土	先勝／戌亥	変化を求めずに、なるべく受け身でいたほうがよいときです。	北、東、西	キャメル
12 日	友引／子丑 母の日	母親のために話題のレストランを予約し、優雅に過ごして。	北、南、北西、南西	赤
13 月	先負／子丑	人が見ていなくても、手抜きをしない誠実さが成功の秘訣。	北、南	銀色
14 火	仏滅／寅卯	家に帰ったら、気持ちを切り替えて好きなことに時間を使って。	西、北東、南東	黄色
15 水	大安／寅卯	♣信頼関係で結ばれた人を大切に。交渉ごとにいい結果が。	東、西、北東	青

16	木	赤口／辰巳	わかめがたっぷり入った酢の物でミネラルをチャージして。	北西	碧（深緑）
17	金	先勝／辰巳	目標達成には地道な努力を。出かける前にシーツを交換して。	北、北西、南東	山吹色
18	土	友引／午未	♠エネルギーが低め。無理せずできることをこなしましょう。	東	水色
19	日	先負／午未	家族でインテリアショップへ。お気に入りがみつかりそう。	東、北東、南東、南西	赤
20	月	仏滅／申酉 小満	これまでの傾向にとらわれず、変化を楽しむ余裕が必要です。	北、東、西	ピンク
21	火	大安／申酉	◆貸していたお金が戻ってきそう。リップケアが金運UPの鍵。	北、南、北西、南西	金色
22	水	赤口／戌亥	自信があってもアピールは控えめにして。車で移動すると吉。	北、南	白
23	木	先勝／戌亥	人の悪口は適当に聞き流して。不用品を整理すると運気回復。	西、北東、南東	クリーム色
24	金	友引／子丑	「伝えたつもり」はトラブルのもと。ハーブティーで小休止を。	東、西、北東	ペパーミントグリーン
25	土	先負／子丑	探りを入れてばかりいないで、素直な気持ちをあらわして。	北西	ワインレッド
26	日	仏滅／寅卯	ベランダを利用して家庭菜園を始めては。趣味が充実しそう。	北、北西、南東	黒
27	月	大安／寅卯	やる気が出ないかも。新しいネイルで気分を上げましょう。	東	白
28	火	赤口／辰巳	身のまわりの出来事を観察してみて。嬉しい発見があるかも。	東、北東、南東、南西	オレンジ
29	水	先勝／辰巳	どんな状況でもブレない強さが大切です。落ち着いた行動が○。	北、東、西	ピンク
30	木	友引／午未	友人と話題のレストランへ行くと吉。金運が活性化します。	北、南、北西、南西	黄色
31	金	先負／午未	多忙でミスをしがち。ゴールドのアクセサリーがお守りに。	北、南	青

2024
June

6月

開花運　2024.6.5～2024.7.5

開運3か条
- うどんを食べる
- 靴の手入れをする
- 手紙を書く

人脈に助けられ、物事がスムーズに

人脈を大きく広げるチャンスです。エネルギッシュで好奇心旺盛なあなた、パーティーやセミナーに参加してチャンスを生かしましょう。新しい人脈があなたの目標達成を後押ししてくれそうです。友人ともこまめに連絡をとると、思いがけない縁が結べそう。ただし、歓迎できない縁もあります。初対面なのに頼みごとをするような人には、それ以上近づかないように。付き合う相手は直感だけでなく、冷静に見極めることが大切です。

　コミュニケーションスキルをアップさせると、スムーズに人脈が広がります。セミナーや本を利用してスキルに磨きをかけて。また、夏に向けてそろそろ浴衣の準備をはじめましょう。日本の伝統に触れたり、マナーを再確認することも開運の鍵になります。

6月の吉方位	北東
6月の凶方位	北、南、北西、南東、南西

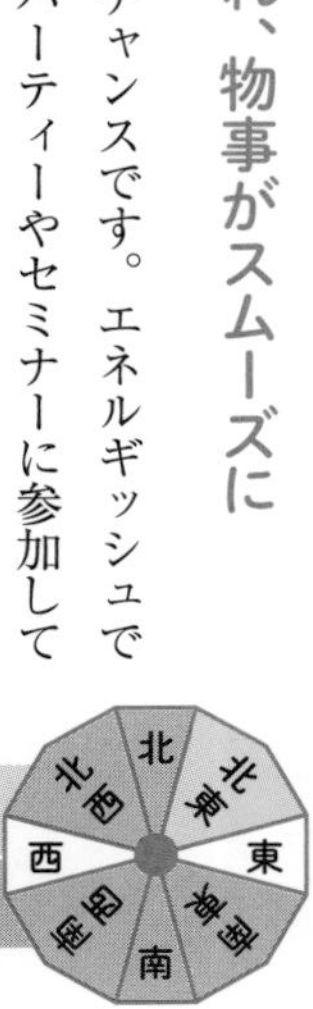

この天中殺の人は要注意

午《うま》未《ひつじ》天中殺

子どもや部下に関するアクシデントが起きそう。助けを求めても、応えてくれる人は少ないかもしれません。思い込みで行動すると、周囲の信頼を失うことになります。静かに過ごすように努めて。

仕事運

※午未天中殺の人は新しい仕事は先にのばして

これまで培ってきた人脈を生かし、活躍できそうな運気です。周囲の人の後押しもあり、仕事はスムーズに進むでしょう。自信を持って目の前の仕事に取り組んでください。ただし、好調なムードに流され、無理をしないように。気がのらないお誘いは断り、適度に体を休めるようにしましょう。

金運

金運は好調です。交際費はかかりますが必要経費と割り切って。見栄を張ったお金の使い方をしなければ問題ありません。出会ったばかりの人から持ち込まれるお金に関するおいしい話は注意。いただき物が多くなりますが、お礼状は早めに出しましょう。

愛情運

※午未天中殺の人は新しい出会いは先にのばして

飲み会やパーティーなど人が集まる場所に出かけ、出会いを引き寄せましょう。季節を先取りしたファッションがあなたの好感度をアップさせるので、おしゃれして出かけて。パートナーがいる人は結婚話が具体的になるかも。家族や友人など信頼できる人に相談してから、次のステップに進みましょう。

6月のおそうじ風水 ▸ **玄関。三和土《たたき》を念入りに拭きお香を焚いて。**

★強運日 ♠要注意日 ♥愛情運 ◆金運 ♣人間関係運

日	六曜／天中殺 祝日・歳時記	毎日の過ごし方	吉方位	ラッキーカラー
1 土	仏滅／申酉	緑黄色野菜を多めに取り入れて、食生活を見直しましょう。	西、北東、南東	キャメル
2 日	大安／申酉	♣昔の友人に連絡すると、意外なところで人脈が広がります。	東、西、北東	銀色
3 月	赤口／戌亥	悪目立ちするので言動に注意。料理に梅干しを使いましょう。	北西	茶色
4 火	先勝／戌亥	調子が出ない日。コットンのパジャマを着ると運気の貯蓄に。	北、北西、南東	山吹色
5 水	友引／子丑 芒種	ネガティブな感情を消したいなら、深呼吸をしましょう。	東	紺色
6 木	大安／子丑	★全力投球でチャンスをつかんで。きちんとメイクして外出を。	東、北東、南東、南西	ベージュ
7 金	赤口／寅卯	お寿司のネタはいくらをチョイスして。運気が安定します。	北、東、西	キャメル
8 土	先勝／寅卯	◆買い物にツキがあります。欲しいと思ったら直感でゲット。	北、南、北西、南西	金色
9 日	友引／辰巳	ボランティア活動の誘いがあったら、積極的に参加すると◯。	北、南	銀色
10 月	先負／辰巳 入梅	今日は聞き役に徹して。何事も丸く収める努力をしましょう。	西、北東、南東	黄色
11 火	仏滅／午未	目標を高く設定すればするほど、やる気が湧いてよい結果に。	東、西、北東	ペパーミントグリーン
12 水	大安／午未	♥パートナーとはお互いの気持ちを尊重しながら向き合うと吉。	北西	ワインレッド
13 木	赤口／申酉	疲れを明日に持ち越さないこと。いつもより早めに就寝して。	北、北西、南東	山吹色
14 金	先勝／申酉	家族と協力して片づけを。水回りをきれいにしておくと◯。	東	黒
15 土	友引／戌亥	日中から外出しましょう。ラッキーなことが起きるかも。	東、北東、南東、南西	赤

16	日	先負／戌亥 父の日	父親にプレゼントを。手料理を振舞っても喜ばれます。	北、東、西	ピンク
17	月	仏滅／子丑	仕事仲間にご馳走すると○。無理はせず予算内でスマートに。	北、南、北西、南西	黄色
18	火	大安／子丑	先手の行動がツキを呼びます。時計を5分早めておいて。	北、南	白
19	水	赤口／寅卯	年長者の手助けを。目からうろこ的なアイデアが聞けるかも。	西、北東、南東	クリーム色
20	木	先勝／寅卯	受信メールには、できるだけ早めに返信すると信頼度ＵＰ！	東、西、北東	青
21	金	友引／辰巳 夏至	周囲の声を大切にしましょう。悩みが早く解決に向かいます。	北西	赤
22	土	先負／辰巳	出かける前に家事をすませて。充実した1日が過ごせそう。	北、北西、南東	キャメル
23	日	仏滅／午未	♠疲れが出るときです。ゆっくりお風呂であたたまりましょう。	東	紺色
24	月	大安／午未	★思い切った行動が成功につながる日。おしゃれして出かけて。	東、北東、南東、南西	オレンジ
25	火	赤口／申酉	パソコンのモニターやキーボードの汚れは、こまめに掃除を。	北、東、西	金色
26	水	先勝／申酉	◆ブランド品を購入してＯＫ。自己投資と思って良質なものを。	北、南、北西、南西	白
27	木	友引／戌亥	気持ちを正直に伝えるとよい方向に。断るときははっきりと。	北、南	銀色
28	金	先負／戌亥	思い通りにいかなくても、謙虚さがあれば運気は回復します。	西、北東、南東	黄色
29	土	仏滅／子丑	家でのんびり過ごして。食事はデリバリーのピザですませてＯＫ。	西、北東、南東	黄色
30	日	大安／子丑	高層ビルのレストランで、夜景を見ながらのディナーが吉。	北、南	青

2024 July

7月

静運　2024.7.6 〜 2024.8.6

開運3か条
- 虫よけスプレーを準備する
- スケジュールを調整する
- 部屋の中央に座る

何事もほどほどで満足し、戦わないで

これまでの華やかな運気がひと段落して静かな動きになります。前進することより、自分の足元を見つめ直してください。そして目標達成への進捗《しんちょく》状況、今までの進み方でいいのかを再確認すること。新しいことに取り組むのは時期尚早《しょうそう》です。一見、好調に思えることも、危うさがつきまとうので、現状維持を心がけてください。自己アピールは周囲から反感をかうことになるので要注意です。不用意な言動は慎み、冷静に行動することが大切。思い通りにならなくてもやけを起こさず、何事も丸く収めるようにしてください。

早めに帰宅し、キッチンの掃除をしたり趣味の時間を充実させましょう。冷蔵庫の中をこまめに整理し、腐敗した食品を残さないように心がけてください。

7月の吉方位	南東、東北東
7月の凶方位	北、南、東、北西、南西、北北東

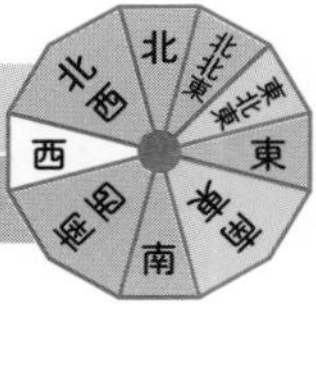

この天中殺の人は要注意

午《うま》未《ひつじ》天中殺

思いもよらない事態に慌てそうです。状況は静かに受け入れるしかありません。契約書や委任状の記入は、他の人のチェックを受けること。不満を口にするとさらに運気が下がるので注意してください。

仕事運

新しいことには着手せず、これまでの仕事のやり方を確認しましょう。先輩のアドバイスはよく聞き、自分のやるべきことに集中して。ミスがないよう念入りなチェックをしましょう。過去の失敗を蒸し返されても冷静に。スケジュールを調整し、仕事は早めに切り上げましょう。謙虚さを心がければ運気は好転していきます。

金運

映画や音楽のサブスク、コンビニでの買い物など、何気なく使っているお金に目を向けて。日々の買い物も冷蔵庫をチェックし、リストを作ってからいきましょう。資格取得など自分を高めることには投資してOK。忘れ物やスリに気をつけて。

愛情運

新しい出会いを求めても思うようにはいきません。美的センスに磨きをかけ、自分に合ったファッションやメイクをみつけましょう。生活習慣を整え、体の中から美しくなるのもおすすめです。パートナーがいる人は思いやりのある言葉が次のステップにつながります。自分の世界にばかりこだわらないこと。

7月のおそうじ風水 ▶ **キッチンのゴミ箱。外側やふた裏もきれいに。**

日	曜	六曜／天中殺 祝日・歳時記	毎日の過ごし方 ★強運日 ♠要注意日 ♥愛情運 ◆金運 ♣人間関係運	吉方位	ラッキーカラー
1	月	赤口／寅卯 半夏生	はしゃいだ気持ちになりますが、ＯＮとＯＦＦは切り替えて。	北、南、北西、南西	赤
2	火	先勝／寅卯	帰りに不動産店へ立ち寄ると求めていた情報が得られるかも。	北、東、西	キャメル
3	水	友引／辰巳	★全力投球で運気上昇。幸せを感じたらまわりにおすそ分けを。	東、北東、南東、南西	オレンジ
4	木	先負／辰巳	友人から相談を受けるかも。意見はせずに聞き役に回って。	東	白
5	金	仏滅／午未	少し早く家を出て、カフェでゆっくり過ごしてから出勤を。	北、北西、南東	黒
6	土	赤口／午未 小暑	♥お気に入りの音楽を目覚ましにしましょう。良縁に恵まれます。	北西	茶色
7	日	先勝／申酉 七夕	♣友人を誘い七夕パーティーを開いて。浴衣を着るとラッキー。	東、西、北東	黄緑
8	月	友引／申酉	思い通りにいかないかも。部屋の真ん中に座ると落ち着きます。	西、北東、南東	金色
9	火	先負／戌亥	興味があることにチャレンジ。そこから仕事の幅が広がります。	北、南	水色
10	水	仏滅／戌亥	気が大きくなりますが、無駄使いはＮＧ。デンタルケアを丁寧に。	北、南、北西、南西	白
11	木	大安／子丑	胃腸が弱っているかも。冷蔵庫にある食材でスープを作って。	北、東、西	ピンク
12	金	赤口／子丑	ひとつのことに集中しましょう。契約書の取り扱いは慎重に。	東、北東、南東、南西	ベージュ
13	土	先勝／寅卯	部屋の不用品の整理を。気持ちがすっきりし、心にもゆとりが。	東	紺色
14	日	友引／寅卯	スポーツ観戦でストレス発散。思いっきり応援して楽しんで。	北、北西、南東	クリーム色
15	月	先負／辰巳 海の日	活動的になると運気ＵＰ。早起きして予定をこなしましょう。	北西	碧（深緑）

日	曜日	六曜／天中殺	運気	吉方位	ラッキーカラー
16	火	仏滅／辰巳	自分の意思をはっきりさせて。優柔不断な態度は禁物です。	東、西、北東	ペパーミントグリーン
17	水	大安／午未	公園や屋上で、のんびりランチを。お弁当を持参すると◯。	西、北東、南東	黄色
18	木	赤口／午未	自信過剰にならないように。先輩の話は素直に聞きましょう。	北、南	銀色
19	金	先勝／申酉 土用	◆夏休みの計画を立てると吉。行きたい場所をピックアップ。	北、南、北西、南西	金色
20	土	友引／申酉	身近な人からお得な情報が。SNSなどで自分から連絡して。	北、東、西	キャメル
21	日	先負／戌亥	有力者に会うかも。服装や爪をきれいに整えておきましょう。	東、北東、南東、南西	赤
22	月	仏滅／戌亥 大暑	♠よく考えて行動すること。少し慎重すぎるくらいでよい日。	東	黒
23	火	大安／子丑	なりたい自分の姿をイメージして。素焼きのブローチが◯。	北、北西、南東	山吹色
24	水	赤口／子丑	♥自分から心を開いてみて。相手は待っているかもしれません。	北西	ワインレッド
25	木	先勝／寅卯	♣アドバイスが必要なら友人に連絡して。お礼にプチギフトを。	東、西、北東	青
26	金	友引／寅卯	生活のリズムを整えると◯。十分な睡眠で運気も回復します。	西、北東、南東	黄色
27	土	先負／辰巳	社交的になると楽しく過ごせます。日傘を持って出かけて。	北、南	白
28	日	仏滅／辰巳	ワードローブに流行のアイテムやカラーを取り入れてみては。	北、南、北西、南西	赤
29	月	大安／午未	無理が利かないので、早めに帰宅しゆっくり過ごしましょう。	北、東、西	金色
30	火	赤口／午未	忙しくなりそう。玄関をきれいに保つと気持ちも整います。	東、北東、南東、南西	紫
31	水	先勝／申酉	慣れた仕事にも苦労しそう。平常心を保つようにしましょう。	東	水色

結実運　2024.8.7 〜 2024.9.6

開運3か条

- 車で移動する
- 腕時計をつける
- 高級メロンを食べる

心身ともに活気にあふれる幸運期

運気は好転します。これまでの経験や人脈を生かして、全力で前進しましょう。ひとりで思い通りに進みたいあなたですが、周囲の意見に耳を貸すようにすると運気が開きます。その心がけがあなたにリーダーとしての責任感やスキルを与えてくれるでしょう。また、上司とよい関係を構築することも重要です。自信過剰になり独走してしまうと、せっかくの運気を生かせなくなります。新しい動きにチャレンジをすると、さらなるチャンスを呼び込むことができるでしょう。

起業家や経営者との出会いも期待できます。プライベートでも常に名刺を持ち歩くこと。夏休みは名所旧跡や美術館、博物館でプライスレスな価値に触れると、あなたの品格を磨くことができます。

8月の吉方位	北、南
8月の凶方位	東、西、北東、北西、南東、南西

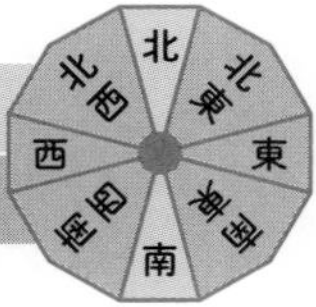

この天中殺の人は要注意

申《さる》酉《とり》天中殺

マイペースを心がけ、周囲に引きずられないようにしましょう。新しいことに手を出さず、リスクをとらないこと。家や土地にかかわる話には慎重に対応することが重要です。熱中症に注意してください。

仕事運

※申酉天中殺の人は新しい仕事は先にのばして

新しいことにチャレンジする機会を得たり、これまでの努力が認められたりと充実感を味わえます。他人のアドバイスを受け入れるのは苦手なあなたですが、上司や先輩の意見をうまく取り入れましょう。チームワークを大切にしながらリーダーシップを発揮すると、理想通りの展開に。忙しくなりますが、電話応対は丁寧に。

金運

収支の管理をきちんとして、必要なことだけにお金を使うようにしましょう。予算を決めて事前にお金を用意しておくのもおすすめです。時間を効率よく使うことがお金を引き寄せます。時計を新調したりメンテナンスに出したりすると、運気の底支えになります。

愛情運

※申酉天中殺の人は新しい出会いは先にのばして

目上の人や仕事関係の人から新しいご縁がもたらされるかもしれません。肩書きや収入などの条件で選ばず、誠実さを重視すること。常に品格ある振舞いを心がけ、気になる人がいたら積極的にアプローチしましょう。パートナーのいる人は忙しくても夏休みを一緒にとるなど、ふたりで過ごす時間を大切にしてください。

8月のおそうじ風水 ▸ **仕事部屋。余分なものを処分し、机を拭く。**

日	六曜／天中殺 祝日・歳時記	毎日の過ごし方 ★強運日 ♠要注意日 ♥愛情運 ◆金運 ♣人間関係運	吉方位	ラッキーカラー
1 木	友引／申酉	評価されなくても今は我慢。テラコッタの小物を飾って。	北、北西、南東	黒
2 金	先負／戌亥	定期的に保険を見直しましょう。新しいプランを検討しても○。	北西	ワインレッド
3 土	仏滅／戌亥	どんなに甘えられる相手でも、感謝の気持ちを忘れないこと。	東、西、北東	銀色
4 日	先勝／子丑	セール情報をチェックして、収支のバランスは崩さないように。	西、北東、南東	金色
5 月	友引／子丑	やりたい企画は積極的に上司に提案して。すんなり通りそう。	北、南	青
6 火	先負／寅卯	自分に似合わないものを流行りにのって買わないように注意。	北、南、北西、南西	白
7 水	仏滅／寅卯 立秋	現状に不満があっても、今は無理に変えようとはしないで。	北、東、西	黄色
8 木	大安／辰巳	★勝負運があります。新しく始めたこともスムーズに進みそう。	東、北東、南東、南西	オレンジ
9 金	赤口／辰巳	エアコンの効きすぎに注意。省エネを意識し温度を調節して。	東	紺色
10 土	先勝／午未	読書をする時間が、自分のステップアップに結びつきます。	北、北西、南東	黒
11 日	友引／午未 山の日	迷うとチャンスを逃します。お花屋さんに立ち寄ってみて。	北西	赤
12 月	先負／申酉 振替休日	あまり接点がなかった同僚とも、積極的に交流をはかると○。	東、西、北東	ペパーミントグリーン
13 火	仏滅／申酉 お盆(↓8／16)	部屋の模様替えに向いている日。好きな絵や写真を飾ると吉。	西、北東、南東	黄色
14 水	大安／戌亥	知らないことは知らないと、はっきり言ったほうが好印象。	北、南	白
15 木	赤口／戌亥	◆物よりも体験に投資しましょう。より大きな財産になります。	北、南、北西、南西	赤

16 金	先勝／子丑	頼まれごとは考えてから返事を。余裕がないなら断ってOK。	北、東、西	キャメル
17 土	友引／子丑	スポーツバーなどで、仲間と一緒に野球観戦すると運気上昇。	東、北東、南東、南西	ベージュ
18 日	先負／寅卯	♠ 頑張りすぎかも。予定を詰め込みすぎないようにしましょう。	東	水色
19 月	仏滅／寅卯	でしゃばると足手まといに。ベッドメイクしてから外出を。	北、北西、南東	山吹色
20 火	大安／辰巳	♥ 気になる人からアプローチされるかも。ポジティブに考えて。	北西	茶色
21 水	赤口／辰巳	♣ ニュースをチェックすると○。初対面の人と会話が弾みそう。	東、西、北東	青
22 木	先勝／午未 処暑	衝動買いで収支のバランスを崩さないで。コイン貯金が吉。	西、北東、南東	金色
23 金	友引／午未	物事が順調に運びます。メロンがのったスイーツを食べると○。	北、南	銀色
24 土	先負／申酉	友人との何気ない会話に、お金に関するいい情報があるかも。	北、南、北西、南西	黄色
25 日	仏滅／申酉	洗面所の鏡についた水垢を落として、ピカピカに磨き上げて。	北、東、西	ピンク
26 月	大安／戌亥	★ おしゃれな文房具を使うとモチベーションがさらにアップ。	東、北東、南東、南西	紫
27 火	赤口／戌亥	噴水のある公園に行って、マイナスイオンを浴びると開運に。	東	黒
28 水	先勝／子丑	「こうでなければ」と決めつけないで。新しいレシピに挑戦が○。	北、北西、南東	山吹色
29 木	友引／子丑	準備不足なことには手を出さないで。本やネットで情報収集を。	北西	碧（深緑）
30 金	先負／寅卯	順調なときやツイているときは、もう一度気持ちを引き締めて。	東、西、北東	ペパーミントグリーン
31 土	仏滅／寅卯 二百十日	残り物でリメイク料理。家族で楽しくメニューを考えましょう。	西、北東、南東	金色

金運　2024.9.7 ～ 2024.10.7

開運3か条
- 趣味を楽しむ
- デンタルケアをする
- プレゼントをする

2024 September

9月

金運に恵まれ、人との交流が広がる

秋の気配とともに、金運はめぐってきます。華やかな雰囲気に包まれたあなたのまわりには自然と人が集まってくるでしょう。楽しいイベントやレジャーを思い切り楽しんでいい運気です。新しく出会った人とも積極的に交流を。新しい世界のドアを開けてくれそうです。楽しい気分で過ごしていると、ついつい浮かれすぎてしまうかも。仕事をおろそかにすると、これまで築いてきた信用を失うので気をつけてください。

ジュエリーを取り入れたファッションで、話題のグルメやスイーツを楽しむと、さらなる開運につながります。ただし、食べすぎや飲みすぎに注意して。秋の花を飾ることも忘れないようにしましょう。ときには夜空を見上げ、星たちの瞬きを楽しむようにしてください。

9月の吉方位	北、南、南西、北北西
9月の凶方位	東、西、北東、南東

この天中殺の人は要注意

申《さる》酉《とり》天中殺

仕事がおろそかになります。また、収支の管理がルーズになり、資金がショートするかも。なんとか危機をクリアしたと思っても、次の天中殺の谷が待っていそう。誘われても断り、ひとりでいるように。

仕事運

※申酉天中殺の人は新しい仕事は先にのばして

前向きに取り組むことでいい結果が得られるとき。交友関係も広がり、ビジネスチャンスに恵まれるでしょう。遊びや楽しい交流の中から新しい世界が広がるので、積極的に参加して。オンとオフの区別をしっかりつけ、気を引き締めて取り組んでください。ダイヤのアクセサリーなどをさりげなくつけると、幸運を引き寄せます。

金運

人脈が金運を運んできます。お誘いが多くなり出費が増えますが、必要なお金は回ってくる運気。お金の使い方にメリハリをつけることで、上手にやりくりしましょう。ただし、衝動買いをしたり、少額でもお金の貸し借りをしたりするのはNGです。

愛情運

※申酉天中殺の人は新しい出会いは先にのばして

華やかな運気に導かれ、たくさんの出会いが待っています。人の集まる場所には積極的に出かけ、運気の波にのりましょう。趣味の仲間だった人が特別な存在になる可能性もありそうです。パートナーがいる人は、予約がとりにくいレストランで食事をするなど、特別感のあるデートを計画しましょう。

9月のおそうじ風水 ▸ **ジュエリー。お手入れをして、見せる収納を。**

日付	六曜／天中殺 祝日・歳時記	毎日の過ごし方	吉方位	ラッキーカラー
1 日	大安／辰巳	防災グッズをチェックすること。時計のメンテナンスもして。	北、南	水色
2 月	赤口／辰巳	緊張感を持って人と接しましょう。疲れたらカフェで息抜きを。	北、南、北西、南西	赤
3 火	友引／午未	無理をせず自然の流れにまかせるといい結果につながります。	北、東、西	キャメル
4 水	先負／午未	単調な作業も工夫をすると楽しく取り組めそう。焦りは禁物。	東、北東、南東、南西	オレンジ
5 木	仏滅／申酉	♠誰も味方をしてくれないかも。氷の入った飲み物を飲んで。	東	黒
6 金	大安／申酉	レシピサイトを参考に旬の野菜を使った料理に挑戦してみて。	北、北西、南東	クリーム色
7 土	赤口／戌亥 白露	♥ドアを静かに閉めるなど、音に気をつけると恋愛運がアップ。	北西	ワインレッド
8 日	先勝／戌亥	♣チャンスがめぐってくる予感。上品な大人のマナーを心がけて。	東、西、北東	銀色
9 月	友引／子丑 重陽の節句	できるだけ残業はせずに、家でゆっくり夕食を食べると吉。	西、北東、南東	クリーム色
10 火	先負／子丑	イベントに誘われそう。軍資金を用意しておくと楽しめます。	北、南	青
11 水	仏滅／寅卯	自分に合った金融商品は他にあるかも。情報収集が大切。	北、南、北西、南西	白
12 木	大安／寅卯	もし家族と意見が衝突しても、歩み寄る姿勢を忘れないこと。	北、東、西	金色
13 金	赤口／辰巳	★チャレンジ精神を大切に。予想以上の高い評価を得られそう。	東、北東、南東、南西	赤
14 土	先勝／辰巳	温泉やスパに行きストレス発散を。運気の底上げになります。	東	水色
15 日	友引／午未	土に触れると癒されそう。陶器づくりなどに没頭すると◯。	北、北西、南東	黒

★強運日　♠要注意日　♥愛情運　◆金運　♣人間関係運

日	曜	六曜／十二支		運気	吉方位	ラッキーカラー
16	月	先負／午未 敬老の日		テレビの情報番組を観て、やってみたいことがみつかるかも。	北西	茶色
17	火	仏滅／申酉 十五夜		玄関にすすきを飾って。夜は仲間とお月見を楽しみましょう。	東、西、北東	黄緑
18	水	大安／申酉		自分を抑える努力が必要なとき。まわりとの協調が大切です。	西、北東、南東	キャメル
19	木	赤口／戌亥 彼岸入り		状況が急に変わってきても慌てずに、まずは流れを見極めて。	北、南	銀色
20	金	先勝／戌亥	◆	生活の質を上げるために、有意義な買い物ができそうです。	北、南、北西、南西	赤
21	土	友引／子丑		季節の変わり目は体調を崩しやすいので、気をつけましょう。	北、東、西	ピンク
22	日	先負／子丑 秋分の日		お墓参りにいくと○。感謝の気持ちを込めて墓石を磨いて。	東、北東、南東、南西	紫
23	月	仏滅／寅卯 振替休日	♠	ストレスを抱え込まないように、好きなことをして過ごして。	東	水色
24	火	大安／寅卯		仕事は選ばないこと。自分のキャリアアップにつながるかも。	北、北西、南東	黒
25	水	赤口／辰巳 彼岸明け	♥	ひらめきを信じてＯＫ。レモンティーがツキを呼びます。	北西	赤
26	木	先勝／辰巳	♣	人脈が広がるときです。きちんとした服装を心がけましょう。	東、西、北東	ペパーミントグリーン
27	金	友引／午未		後輩や年下の間のトラブルは、双方の言い分をしっかり聞いて。	西、北東、南東	黄色
28	土	先負／午未		今日はチートデイに。ご褒美として食べたいものを満喫して。	北、南	水色
29	日	仏滅／申酉		異業種交流会などに積極的に参加して、人脈を広げましょう。	北、南、北西、南西	白
30	月	大安／申酉		仕事でミスをしても、冷静な対応でリカバリーできそう。	北、東、西	キャメル

改革運　2024.10.8～2024.11.6

開運3か条

- 展望台へ行く
- ランチョンマットを使う
- へそくりを始める

変化を求めず、臨機応変な対応を

順風満帆に進んでいたことが、急に変更になり対応を迫られそう。でも自ら改革を求めるのは禁物です。受け身になって、周囲の動きに従いましょう。焦燥感から他人と自分を比べがちになりますが、あなたの日常生活の中に小さな幸せをみつける努力をしてください。ハイキングやグランピングで自然に触れ、パワーをもらうようにしましょう。お寺に行き、境内のベンチでひと息いれるのもおすすめです。

残業はなるべく避け、スキルアップのための勉強など自分磨きのために時間とお金を使いましょう。親やきょうだいとのつながりも、もう一度見直すこと。遠方の家族には電話をかけて声を聞くと気持ちが落ち着きます。体調にも変化が出やすいとき。早めにケアするように。

10月の吉方位　北

10月の凶方位　南、北東、北西、南東、南西

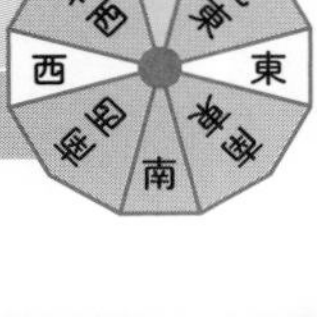

この天中殺の人は要注意

戌《いぬ》亥《い》天中殺

いろいろなリクエストに振り回され、孤軍奮闘《ふんとう》を強いられます。周囲のサポートは期待できないので、自力でなんとかするしかありません。パソコンをバージョンアップして、対応するようにしましょう。

仕事運

大きな転機を迎えるかもしれません。流れに従うことで、発展していく運気。目の前の仕事をコツコツこなし、自分から環境を変えるような行動は控えてください。仕事の悩みを家族に相談すると新しい視点がみつかるかも。情報収集や下調べに時間を使い、知識やスキルを磨いておきましょう。

金運

気持ちが落ち着かず、衝動買いに走ってしまいそう。見栄っ張りな性格は抑え、貯蓄を減らさないよう堅実路線でいきましょう。光熱費や食費の無駄をチェックし、飲み会は割り勘で支払うように。不用品をフリマアプリに出品するとお小遣い稼ぎになるかも。

愛情運

※戌亥天中殺の人は新しい出会いは先にのばして

新しい出会いは期待できませんが、友人だと思っていた人が恋愛対象になるなど、身近なところに恋のチャンスがありそうです。人のアドバイスをよく聞き、周囲の流れにのったほうが運気は好転します。パートナーのいる人は次のステップにいくタイミングかも。直感で動くのではなく、冷静に判断しましょう。

10月のおそうじ風水 ▶ **ソファ。掃除機でホコリやごみを吸い取って。**

日	曜	六曜／天中殺 祝日・歳時記	毎日の過ごし方 ★強運日 ♠要注意日 ♥愛情運 ◆金運 ♣人間関係運	吉方位	ラッキーカラー
1	火	赤口／戌亥	チャレンジ精神を大切に。予想以上の高い評価を得られます。	東、北東、南東、南西	ベージュ
2	水	先勝／戌亥	アクシデントに遭遇しそう。寄り道はせずに帰宅しましょう。	東	紺色
3	木	先負／子丑	結果を求めず、手堅く進むこと。ビーンズサラダがラッキー。	北、北西、南東	山吹色
4	金	仏滅／子丑	ドライブ中にはラジオをON。耳寄りな情報をゲットできそう。	北西	赤
5	土	大安／寅卯	♣ 宅配便は確実に受けとりましょう。遠方からいい知らせが。	東、西、北東	銀色
6	日	赤口／寅卯	骨董市やフリーマーケットへ。掘り出し物にめぐり合えそう。	西、北東、南東	金色
7	月	先勝／辰巳	欲が出てくるとき。行動に移す前によく考えましょう。	北、南	白
8	火	友引／辰巳 寒露	華やかな雰囲気を演出して。キラキラした小物がGOOD。	北、南、北西、南西	赤
9	水	先負／午未	急にスケジュールが空くかも。ご褒美と受け止めてのんびりと。	北、東、西	黄色
10	木	仏滅／午未	予想外に物事が展開するとき。大事なことは日中にすませて。	東、北東、南東、南西	オレンジ
11	金	大安／申酉	マッサージやヘアサロンで、体のメンテナンスや気分転換を。	東	水色
12	土	赤口／申酉	ぶどう狩りに出かけましょう。旬の果物でパワーチャージ。	北、北西、南東	クリーム色
13	日	先勝／戌亥	♥ パートナーに手料理をご馳走してあげて。とても喜ばれます。	北西	ワインレッド
14	月	友引／戌亥 スポーツの日	やることがたくさんありそう。優先順位をつけてこなして。	東、西、北東	青
15	火	先負／子丑 十三夜	感情的にならないように。金箔がのった和菓子とお茶で休憩を。	西、北東、南東	黄色

16	水	仏滅／子丑	メール返信の早さと丁寧さで、取引先からの信頼度がアップ。	北、南	白
17	木	大安／寅卯	◆人との交流のために使うお金は、自分にとって大きな財産に。	北、南、北西、南西	赤
18	金	赤口／寅卯	土地や建物など財産について家族みんなで話し合いの時間を。	北、東、西	ピンク
19	土	先勝／辰巳	★大きなチャレンジのタイミング。窓を磨くと運気の後押しに。	東、北東、南東、南西	紫
20	日	友引／辰巳 土用	♠現状維持ができればOK。オーガニック食品を食べましょう。	東	水色
21	月	先負／午未	日々の積み重ねが大切です。今日の課題は今日中に処理を。	北、北西、南東	山吹色
22	火	仏滅／午未	ピアノが幸運の鍵です。ピアノ曲を聴くだけで運気がアップ。	北西	碧（深緑）
23	水	大安／申酉 霜降	♣仕事仲間の相談にのってあげると、信頼関係が深まります。	東、西、北東	ペパーミントグリーン
24	木	赤口／申酉	新しいことは避け、慣れていることを確実にこなしましょう。	西、北東、南東	金色
25	金	先勝／戌亥	パソコン内の整理を。仕事がはかどり時間に余裕が持てます。	北、南	水色
26	土	友引／戌亥	招待券やチケットがもらえるかも。お得に趣味を楽しんで。	北、南、北西、南西	赤
27	日	先負／子丑	体と向き合って不調を見逃さないように。山の写真を飾って。	北、東、西	ピンク
28	月	仏滅／子丑	ライバルを意識する必要はありません。化粧ポーチの整理を。	東、北東、南東、南西	紫
29	火	大安／寅卯	家族とおうちご飯を楽しんで。わかめの酢の物で運気回復。	東	白
30	水	赤口／寅卯	今日は脇役に徹すること。努力はいつか必ず評価されます。	北、北西、南東	キャメル
31	木	先勝／辰巳 ハロウィン	♥仮装してハロウィンパーティーへ。パートナーといくと開運。	北西	碧（深緑）

頂上運 2024.11.7 ～ 2024.12.6

開運3か条
- おしゃれをする
- スポーツ観戦をする
- 文房具にこだわる

名声や地位を得るなら誠実さが大切

どんなことでもうまくいきそうな勢いのある運気です。そのため、とても忙しく気持ちが落ち着かないことが多くなります。感情的になると、運気がパワーダウンするので注意してください。私利私欲に走らず、幸せなことがあったら、小さなプレゼントなどを用意して周囲の人と分かち合いましょう。思いやりがさらにいい運気を呼び込んでくれます。

引き立て運や勝負運にも恵まれます。いつも身だしなみを整え、どんな場所でも自信を持って振舞えるようにしておきましょう。ただし、何事にもはっきりと結果が出る運気です。秘密が露見する可能性もあります。言い訳や責任転嫁をすると大きく信用を失うことに。誠実な態度だけが窮《きゅう》地《ち》から救ってくれることを忘れないで。

11月の吉方位　北東、南西、東南東

11月の凶方位　北、南、西、北西、南南東

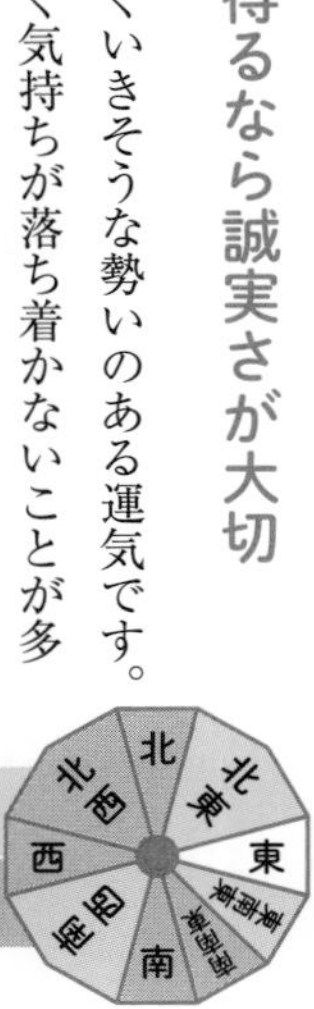

この天中殺の人は要注意

戌《いぬ》亥《い》天中殺

スキャンダルに見舞われそう。過去のトラブルも蒸し返されそうです。天中殺はメンタルトレーニングのひとつと考え、冷静な姿勢でいること。お年寄りを大切にして運気の貯金を心がけて。

仕事運

これまでの努力の結果がはっきりあらわれます。前向きに取り組んできた人は周囲がうらやむようなポストが待っているかも。上司や先輩からの引き立てで、ステップアップする人もいるでしょう。でも、表に出てくるのはいいことばかりではないので気をつけて。どのような状況にあっても真摯に受け止める姿勢が大切です。

金運

運気のよさは金運でも発揮されます。身だしなみを整える出費は必要経費なので、見栄を張るための買い物でなければOKです。生きたお金の使い方は金運を刺激します。手持ちがないからと人にお金を借りることや、キャッシュレス決済の多用は避けましょう。

愛情運

※戌亥天中殺の人は新しい出会いは先にのばして

あなたに注目が集まり、恋愛運は好調です。好きな人へのアプローチも積極的にいきましょう。コンプレックスに感じていることを隠さず接することができれば、いいご縁に発展しそうです。パートナーがいる人は、ふたりの間になんらかの答えが出るとき。どのような結果でもきちんと向き合いましょう。

11月のおそうじ風水 ▸ **コンロまわり。五徳は外しきれいに磨いて。**

日	曜	六曜／天中殺 祝日・歳時記	毎日の過ごし方	吉方位	ラッキーカラー
1	金	仏滅／辰巳	意見交換の場を持つと面白いアイデアや企画が飛び出しそう。	東、西、北東	黄緑
2	土	大安／午未	常備菜の作り置きを。お弁当にも活用できるものを選ぶこと。	西、北東、南東	黄色
3	日	赤口／午未 文化の日	忙しいほど充実感を味わえます。副業を始めるといいかも。	北、南	銀色
4	月	先勝／申酉 振替休日	◆ネットオークションに不用品を出品。お小遣いになりそう。	北、南、北西、南西	赤
5	火	友引／申酉	感情のコントロールが大事。プチ模様替えで気分転換して。	北、東、西	白
6	水	先負／戌亥	新しいことを学ぶと身につきます。積極的にチャレンジを。	東、北東、南東、南西	オレンジ
7	木	仏滅／戌亥 立冬	♠疲れているときに無理は禁物。夕食はデリバリーですませて。	東	水色
8	金	大安／子丑	整理整頓とスケジュールの見直しがツキを呼ぶポイントです。	北、北西、南東	クリーム色
9	土	赤口／子丑	♥好きな人に素直な気持ちを伝えたら、関係が一歩前進しそう。	北西	ワインレッド
10	日	先勝／寅卯	♣年賀状の準備をして。交友関係を広げるきっかけになります。	東、西、北東	ペパーミントグリーン
11	月	友引／寅卯	今の状態をキープできればＯＫ。朝食にヨーグルトを食べて。	西、北東、南東	金色
12	火	先負／辰巳	上質なハンカチがラッキーアイテム。幸運が舞い込むかも。	北、南	青
13	水	仏滅／辰巳	資産運用を始めてみては。プロからアドバイスをもらうと吉。	北、南、北西、南西	赤
14	木	大安／午未	否定的な意見は飲み込みましょう。黙って従ったほうが賢明。	北、東、西	黄色
15	金	赤口／午未 七五三	★確かな手応えや反響が感じられて、やる気がさらにアップ。	東、北東、南東、南西	ベージュ

★強運日　♠要注意日　♥愛情運　◆金運　♣人間関係運

16	土	先勝／申酉		翌日に着る服を準備しておくと安心してぐっすり眠れそう。	東	白
17	日	友引／申酉		やるべきことを見失わないように、目標を再確認しましょう。	北、北西、南東	黒
18	月	先負／戌亥		言葉遣いが美しい人は、同性からも異性からも好かれます。	北西	茶色
19	火	仏滅／戌亥		気合いを入れすぎると逆効果です。いつも通りのペースが○。	東、西、北東	銀色
20	水	大安／子丑		玄関やトイレに盛り塩を。余計なトラブルを避けられます。	西、北東、南東	キャメル
21	木	赤口／子丑		望みが叶うかも。朝ご飯をしっかり食べてチャンスに備えて。	北、南	水色
22	金	先勝／寅卯 小雪	◆	好きなことを仕事にした人のブログの中にヒントがありそう。	北、南、北西、南西	黄色
23	土	友引／寅卯 勤労感謝の日		無理に外出の予定を入れずに、考えごとをする時間も大切に。	北、東、西	黄色
24	日	先負／辰巳		スポットライトを浴びても、有頂天にならないように注意。	東、北東、南東、南西	紫
25	月	仏滅／辰巳	♠	やる気が起きないかも。ときには自分にやさしくしてあげて。	東	紺色
26	火	大安／午未		賭けに出ると失敗しそう。何事も手堅い方法で進めましょう。	北、北西、南東	黒
27	水	赤口／午未	♥	気になる人に悩みごとを相談すると距離が縮まるきっかけに。	北西	赤
28	木	先勝／申酉	♣	自信を持って挑むとよい結果に。朝起きたら窓を開けましょう。	東、西、北東	青
29	金	友引／申酉		パソコンのデスクトップを整理して。頭が冴《さ》えてスムーズに。	西、北東、南東	黄色
30	土	先負／戌亥		腕時計ならスマートウォッチが○。健康管理にも役立ちます。	北、南	銀色

停滞運　2024.12.7 ～ 2025.1.4

開運3か条
- 水回りの掃除
- スノースポーツを楽しむ
- 加湿器を使う

早めの大掃除で運気を呼び込む準備を

1年の締めくくりの今月は静かに過ごしてください。エネルギーは低めなので、特別に何かをすることは考えず、師走の忙しさをなんとか乗り切ることを目標にしましょう。それ以外のことは後回しにしてOK。残業や忘年会、クリスマスパーティーの参加も最小限にして、自宅で過ごす時間を多くとるのが理想的です。社会的活動に力を入れても、悩みやストレスが増えるだけです。

早めに大掃除に取りかかるのがおすすめです。計画をして、丁寧に進めていきましょう。特に水回りをきれいにすることがポイント。排水口やシャワーヘッドも忘れないで。そして、バスマットやソープディッシュなどのアイテムを新しくしましょう。バスルームに観葉植物を置くと、よい気の流れをつくることができます。

12月の吉方位　なし

12月の凶方位　北、南、西、北東、北西、南東、南西

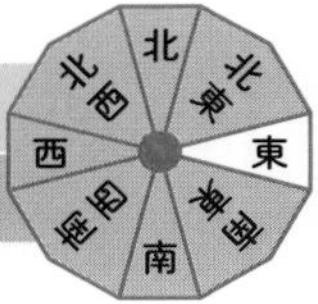

この天中殺の人は要注意

子《ね》丑《うし》天中殺

年末を迎え、生活のリズムが崩れます。忘年会やクリスマスパーティーで知り合った人とは一定の距離を保って。また、メールの誤送信に注意してください。待ち合わせは余裕をもって行動すること。

仕事運

ルーティンワークも油断せず、丁寧に取り組みましょう。朝は早めに出て、仕事の段取りをしておくのがおすすめです。普段はエネルギッシュに動くことが多いあなたですが、今月は我慢しておとなしく過ごしてください。年末に向けて片づけは早めに着手すること。書類や手紙などは大切に扱うようにしましょう。

金運

当てにしていた収入が遅れたり予想外の出費があったりして、収支のバランスが崩れそう。盗難や詐欺にも遭いやすいので、なるべく外出は控えましょう。お金の知識を身につけておくといいとき。積み立てやへそくりなど、堅実な貯蓄方法を模索してください。

愛情運

人との距離感がわからなくなり、周囲にわがままだと思われそう。信頼できる友人や上司からの紹介には良縁がありますが、自分から動くのはNGです。プライベートを充実させ、エステやネイルで気分転換して。パートナーがいる人はふたりの関係に変化を求めないこと。休みの日は温泉でゆっくり過ごすのがおすすめです。

12月のおそうじ風水 ▸ **バスルーム。シャワーヘッドもきれいに。**

日	六曜／天中殺 祝日・歳時記	毎日の過ごし方	吉方位	ラッキーカラー
1 日	大安／戌亥	◆クリスマスプレゼントの準備を。まずはリサーチから始めて。	北、南、北西、南西	金色
2 月	赤口／子丑	迷っているなら断ってOK。デスクの整理整頓を徹底すると○。	北、東、西	ピンク
3 火	先勝／子丑	★よい成果をあげられそう。仕事仲間への感謝を忘れないこと。	東、北東、南東、南西	ベージュ
4 水	友引／寅卯	何事も深追いは禁物。状況を分析し、次のチャンスに備えて。	東	水色
5 木	先負／寅卯	パワーは低め。あんこを使った和菓子を食べるとツキが回復。	北、北西、南東	黒
6 金	仏滅／辰巳	ストレートな言葉で表現したほうが思いが伝わるかも。	北西	茶色
7 土	大安／辰巳 大雪	♣出会いに恵まれる日です。初対面の人とも気さくに接して。	東、西、北東	黄緑
8 日	赤口／午未	椅子とテーブルが、部屋の中央にくるように配置すると吉。	西、北東、南東	金色
9 月	先勝／午未	笑顔が運気をアップさせます。前向きな気持ちを忘れずに。	北、南	白
10 火	友引／申酉	忘年会などには積極的に参加を。清潔感のあるコーデが○。	北、南、北西、南西	赤
11 水	先負／申酉	思ったことをそのまま言わずに、かみ砕いてから発言して。	北、東、西	キャメル
12 木	仏滅／戌亥	うまくいっているときこそ、自分を客観的に見ることが大切。	東、北東、南東、南西	オレンジ
13 金	大安／戌亥	疲れがたまっているかも。フェイスパックでお肌を潤して。	東	紺色
14 土	赤口／子丑	お年賀の準備をしましょう。喜ぶ顔を想像しながら選んで。	北、北西、南東	山吹色
15 日	先勝／子丑	♥好きな人とちょっとぜいたくな食事を。幸福感に包まれます。	北西	赤

★強運日 ♠要注意日 ♥愛情運 ◆金運 ♣人間関係運

16	月	友引／寅卯		自分にご褒美を。公私ともに使えるものなら奮発してOK。	東、西、北東	青
17	火	先負／寅卯		壊れているものは処分。身のまわりをすっきりさせましょう。	西、北東、南東	キャメル
18	水	仏滅／辰巳		人にはそれぞれの考え方が。コミュニケーションを大切に。	北、南	水色
19	木	大安／辰巳	◆	ダイヤのアクセサリーが吉。華やかな雰囲気に金運アップ。	北、南、北西、南西	黄色
20	金	赤口／午未		相手を傷つけないように、意見があっても日を改めましょう。	北、東、西	金色
21	土	先勝／午未 冬至	★	日中はアクティブに行動を。夜はゆっくりゆず湯に浸かって。	東、北東、南東、南西	紫
22	日	友引／申酉		水回りの掃除に向いている日。気持ちもすっきりします。	東	白
23	月	先負／申酉		サポート役に徹すると○。泥つき野菜を常備しておきましょう。	北、北西、南東	黒
24	火	仏滅／戊亥 クリスマス・イブ		友人とのクリスマスパーティーは、リッチにカニを堪能して。	北西	碧（深緑）
25	水	大安／戊亥 クリスマス	♣	多くの人と交流すると心が豊かになります。笑顔を忘れずに。	東、西、北東	ペパーミントグリーン
26	木	赤口／子丑		シューズボックスの整理を。履かない靴は処分しましょう。	東、西、北東	黄緑
27	金	先勝／子丑	♥	積極的になると相手との距離が縮まります。失言には注意を。	北西	ワインレッド
28	土	友引／寅卯		門松や鏡餅などを飾って、新年を迎える準備をしましょう。	北、北西、南東	黒
29	日	先負／寅卯	♠	運気は低迷中。家の鏡をピカピカにすると穏やかな気持ちに。	東	水色
30	月	仏滅／辰巳		チャンスを生かすといい方向に。古い化粧品は処分して。	東、北東、南東、南西	紫
31	火	赤口／辰巳 大晦日		家族で集まって年越しをして。新しい年のパワーをチャージ。	北、東、西	キャメル

COLUMN 3

〜2024年のラッキーフード〜

柑橘類と酸味でエネルギーチャージを

2024年全体のラッキーフードは柑橘類や酸味です。みかんやオレンジ、レモン、お酢、梅干しを毎日の食生活に取り入れましょう。たとえばレモンならレモンティーや、サラダに添えるだけでもOK。梅干しのおにぎりも手軽でおすすめです。また、桃は邪気を祓うので旬の時期に食べましょう。

フルーツには旬があるので、フレッシュなものが手に入らないときは、写真やポストカード、イラストなどを目に入る場所に飾っておくのもいいでしょう。若々しいエネルギーに包まれる2024年ですから、ラッキーフードで体にパワーを取り入れてください。

第5章

九星別の相性の法則

相性の法則

運気通りに過ごせば、相性のよい人たちを引き寄せます

幸せな人生を送るためには、相性はとても大切なものです。相性と運気は深くかかわっています。運気通りに過ごしていれば、周囲には自分と相性のいい人たちが自然と集まってきます。

また、相性が合わない人と出会ったとしても、互いに認め合える面だけで上手に付き合っていくことができるのです。

ユミリー風水では、厳密にいうと4つの要素で相性を見て総合的に判断していますが、本書では人生の基本となる生まれ年の星（カバー裏参照）、つまりライフスター同士の相性を見ていきます。

ライフスターの相性がいいとは、長い時間を一緒に過ごす住まいや職場での営みが

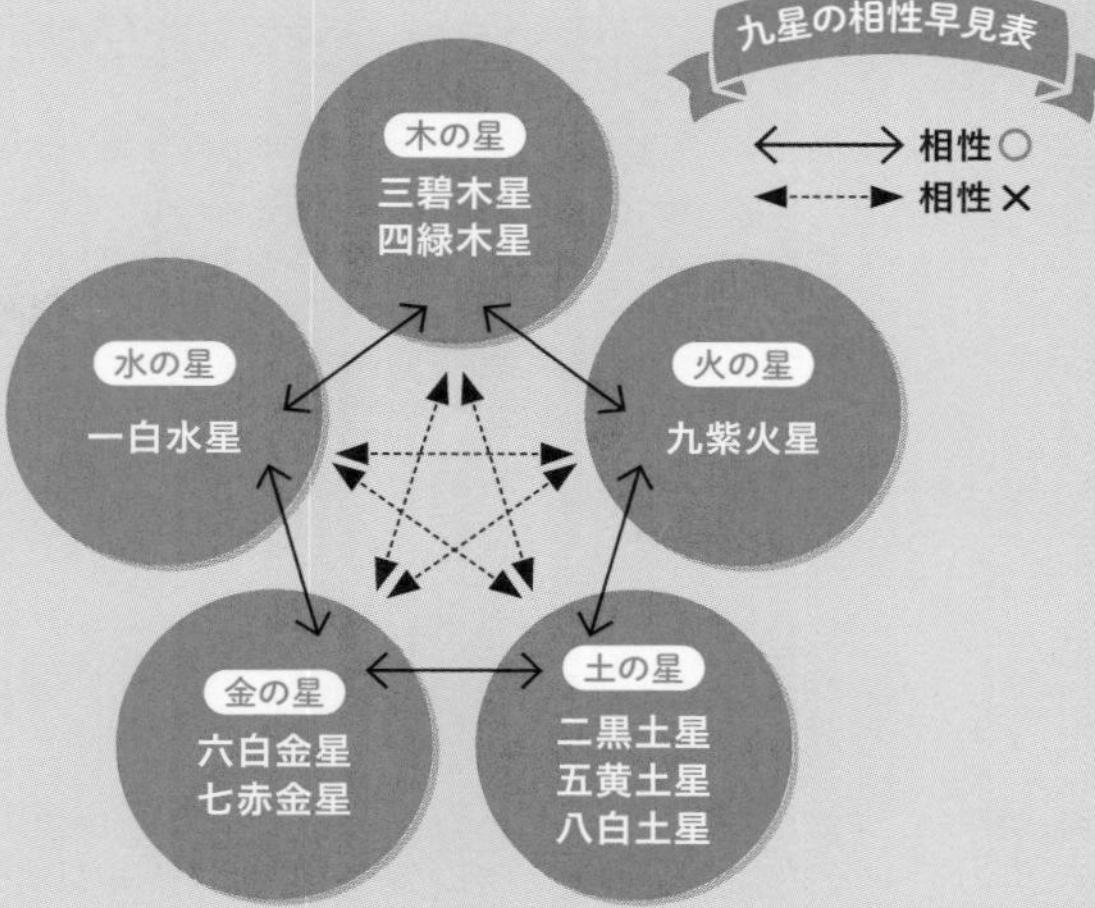

合うということを意味します。相性がいいと自分の気持ちや考え方がすんなりと相手に伝わるので、相手も理解、思いやり、感謝、愛情、親切といったものを返してくれます。逆に、相性が悪い場合は、125ページで相性が合わない場合の対処法を紹介しているので、ぜひ参考にしてください。

上の図は、ライフスター同士の相性をあらわした図です。風水の五行という考え方を取り入れ、9つのライフスターを五行に分け、相性を見ています。隣り合う星同士は相性がよく、向かい合う星同士は相性が悪いということになります。

（火の星）　　　　（水の星）

九紫火星 と 一《いっ》白《ぱく》水《すい》星《せい》

一白は水、九紫は火で、性格が異なります。
どちらもすごいエネルギーを持ち、その使い方で関係は変化します。

相性✕

恋愛

性格や価値観がまったく正反対のふたりです。感情の起伏が激しく、ストレートな物言いの九紫は、一白をいつも驚かせます。でも、お互いが相手にないものを持っているからこそ、必要とし合える存在にもなれます。

夫婦

夫が一白で、妻が九紫なら、そこそこうまくやっていける相性です。お互いが仕事を持ち、自分の世界を持つようにすれば、刺激し合い、高められるカップルになります。

友人

お互いに"異星人"であることを実感するので、あまり深入りせず必要なときに会うくらいのクールなお付き合いで。情報交換程度に留めておくこと。

仕事

うまく仕事を進めるには、同じ仕事に深くかかわり合わず、ほどよい距離を置いて認め合うことが大切です。

一白水星の2024年

2024年は開始運の年。何かを始めるにはぴったりの時期です。行動的になると気分も前向きに。やりたいことにチャレンジして。

（火の星）　　（土の星）

九紫火星 と 二《じ》黒《こく》土《ど》星《せい》

二黒は土の星。九紫の火で燃やされた樹木は、二黒の養分となり、万物を育てる肥《ひ》沃《よく》な田畑の土に変わります。

相性〇

恋愛　お互いの価値観や感性を理解し合えるので、長く付き合っていけるでしょう。九紫の言いたい放題なところも、二黒ならたいていのことを受け止めてくれます。献身的な二黒は、九紫からの思いやりや感謝の言葉を待っています。

夫婦　夫が九紫で、妻が二黒なら、申し分ない相性です。生涯のパートナーとして最適といえます。ケンカをしても、仲直りするたびに、どんどん絆は深まっていきます。

友人　二黒の前では自然体で振舞えるはず。二黒は九紫の長所をのばします。二黒は人を楽しませるのは苦手なので、九紫がフォローしましょう。

仕事　堅実な二黒から、多くのことを学ぶことができるでしょう。自分にも他人にも厳しい九紫に、二黒が従いサポートをするという形で、信頼関係が生まれます。

二黒土星の2024年

これまでの行動や努力の成果が見えはじめる開花運の年。人付き合いも活発になりますが、トラブルにならないように注意して。

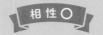

（火の星）　（木の星）

九紫火星 と 三《さん》碧《べき》木《もく》星《せい》

三碧は草花を象徴する木の星。燦々と光を注ぐ九紫の太陽は、花の三碧の成長に欠かせない存在です。

相性○

恋愛

九紫は情熱的なので、出会ってすぐに親しい仲になれるはず。お互いに成長していける、最高のパートナーです。ただし、ふたりとも熱しやすく冷めやすいので、付き合いを長続きさせるには、相手への思いやりを忘れないことが重要です。

夫婦

夫が三碧で、妻が九紫のほうがうまくいきます。三碧が迷ったときは、決断力のある九紫がサポートをして。お互いの欠けている部分を埋め合える夫婦になります。

友人

お互い相手に期待しすぎないことが大切です。いい議論相手になるでしょう。ケンカをしたときは、互いに冷静になることが肝心です。

仕事

九紫のひらめきを三碧は理解してまかせてくれます。九紫も三碧を認めて、自分の意見だけに固執しないように注意しましょう。

三碧木星の2024年

運気の波がいったん止まる静運の年。新しいことを始めるよりも、生活習慣を見直したり家族と過ごしたりして余裕をもった生活を心がけて。

（火の星）　　（木の星）

九紫火星 と 四《し》緑《ろく》木《もく》星《せい》

四緑は樹木を象徴する木の星。太い幹を持つ大木は、
九紫の太陽なしでは成長することができません。

相性〇

恋愛

四緑が九紫を必要とする関係になります。社交的な四緑から褒められると、九紫はますます四緑に惹きつけられます。一緒に同じ時間を過ごすことがとても大切な間柄。1日の終わりには、こまめにコンタクトをとるようにするといいでしょう。

夫婦

夫が四緑で、妻が九紫のほうがうまくやっていけます。共通の趣味を持つと、さらに絆が深まります。九紫は浮気性な四緑にやきもきしても、信頼することが大切。

友人

メイクやファッションなどの話題で盛り上がれそうな相手です。遊びにいくなら、九紫が幹事になってリードすると、スムーズに楽しめるでしょう。

仕事

コミュニケーションをとりやすいので、いい相談相手に。九紫は四緑に元気を与えることができます。逆に困ったときは四緑に相談すると、手を差し伸べてくれます。

四緑木星の2024年

2024年は運気が上向きになる結実運の年です。仕事で望むような活躍ができ、心身ともに充実しそう。社会的地位を固めて。

（火の星）　　　　（土の星）

九紫火星 と 五《ご》黄《おう》土《ど》星《せい》

五黄は土の星で、九紫の火によって燃やされた自然界のものは、土の星である五黄の養分となり蓄積されます。

相性○

恋愛

自信家の九紫と、自己主張の強い五黄は、お互いの強い個性に惹かれます。価値観は似ているので衝突は少ないでしょう。ベタベタした恋愛がお互い苦手なので、同志のような絆で結ばれますが、時には九紫が妥協することが肝心です。

夫婦

夫が九紫で、妻が五黄のほうがうまくいきます。同等の関係で信頼し合えるふたりです。共通の目標を作り、協力し合うことが、円満な夫婦の鍵になります。

友人

趣味やレジャー仲間として付き合うとよい関係が築けます。お互いにイニシアティブをとりたがり、それが鼻についてしまうこともあるので、バランスをとりましょう。

仕事

九紫が五黄の自己主張を受け止められれば、五黄は九紫の直感力を信じてくれるはず。同じゴールを目指すなら、長所をのばし合って協力していける相性です。

五黄土星の2024年

実り豊かな金運の年です。満ち足りた気分を味わうことができそう。2024年は人との交流の場にはできるだけ参加して。

（火の星）　（金の星）

九紫火星 と 六《ろっ》白《ぱく》金《きん》星《せい》

六白は竜巻のような激しい気流を象徴する星。
九紫の火は、強い風の六白に吹き消されてしまいます。

相性×

恋愛

感性の九紫とパワフルで行動力のある六白。相手の考え方に違和感を覚え、なかなか打ち解けることができません。九紫が六白のわがままを放任する姿勢で、お互いが干渉《かんしょう》しないことが大切。

夫婦

夫が九紫で、妻が六白なら、なんとかうまくやっていけます。まずは夫婦がそれぞれ自分の世界を持つことが大事。その世界に、お互いにあまり干渉しないことも重要です。

友人

友だちというより知り合いといった付き合いに。立ち入った話はしないほうがいいでしょう。認め合った仲として、当たり障《さわ》りのない程度の知り合いでいて。

仕事

成功や昇進を競い合うことになりがちです。できれば同じチームは避け、意見が食い違っても感情的な言動は慎み、お互いのエネルギーを力に変えることが大切です。

六白金星の2024年

ひと区切りがつく改革運の年です。周囲に変化があるかもしれませんが、慌てずに落ち着いて。努力を継続することが大切です。

（火の星）　（金の星）

九紫火星 と 七《しち》赤《せき》金《きん》星《せい》

七赤は夜空に輝く夜の星です。昼の太陽の九紫と、夜の星の七赤は重なり合うことがない関係です。

相性×

恋愛

お互いに派手で、外見に惹かれ付き合いはじめても、時間がたつにつれて考え方の違いを強く感じるようになり、もどかしさを感じることも。七赤の言葉にあるトゲを、九紫が無視できる度量を持たないと、うまくやっていけません。

夫婦

夫が九紫で、妻が七赤なら、なんとかうまくやっていけます。共通の趣味をみつけて、その道を究めるなど、お互いが一緒に輝くように努力することが大切です。

友人

さというな食い違いで、一緒にいることがつらくなりそう。理解しようとも、してもらおうとも思わず、距離を置いた付き合いが無難です。

仕事

仕事に対する方針や方法論が違うので、うまく物事が進まない場面があるでしょう。お互いの世界に入り込まないことが大切です。

七赤金星の2024年

運気が頂点に達する頂上運の年。周囲からの注目度も高くなり、実力が認められる年です。新しいことにチャレンジするのも○。

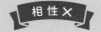

（火の星） （土の星）

九紫火星 と 八白土星《はっぱくどせい》

八白は山の星で、空から降り注ぐ太陽の九紫を受け止め、そのエネルギーにも負けることはありません。

相性○

恋愛
直感で動く九紫と、策略家の八白は正反対の性格ですが、自分にないものに魅力を感じます。九紫が八白に対してサービス精神を発揮、八白は九紫の長所を引き出します。お互いを認め合え、変わらぬ愛情で長く結ばれる関係を築くことができます。

夫婦
夫が九紫で、妻が八白のほうが、よりうまくやっていけます。意見の食い違いは話し合って解決しましょう。お互いに思いやりと感謝の気持ちを忘れないこと。

友人
深入りをせず、必要なときに連絡をとるだけのほうが、よい関係が築けます。長く時間をともにするより、イベント仲間として付き合いましょう。

仕事
九紫の行動力と八白の粘り強さが発揮できれば、相当な実績をあげられます。九紫は八白に支えられていることを忘れないようにしましょう。

八白土星の2024年
季節でいえば真冬にあたる停滞運の年です。新しいことを始めるには向きません。心と体をゆっくり休めるのに適しています。

（火の星）　　　　（火の星）

九紫火星 と 九紫火星

強いパワーを持つ太陽の星同士です。同じ性質を持つので、一緒になれば炎は大きく、よりパワフルになります。

相性○

恋愛

情熱的で気は合いますが、強情な面が出ると、お互いに一時的な感情に動かされてしまいがちです。お互いのプライドがぶつかり合い、大きなケンカに発展することもあります。干渉しすぎないことが大切です。

夫婦

必要以上に干渉せず、褒め合ったり、引いたりしながら、お互いに気遣う心を持つこと。そうすれば、仲のよい友だち夫婦に。同じ趣味を持つこともおすすめです。

友人

久しぶりでも、昨日会ったばかりのような気安さと安心感を持つことができます。どんな話題でも盛り上がることができるので、明るい関係でいましょう。

仕事

同時に悩んだり、落ち込んだりしますが、その時期を乗り切れればよい関係を築けます。目標に向かってエネルギッシュに協力して事にあたれば、最強のコンビになります。

九紫火星の2024年

冬眠から目覚めて、活動を始める基礎運の年。基礎固めの時期にあたるので目標をしっかり定め、コツコツと努力を積み重ねましょう。

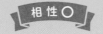

相性が合わないとき

ライフスターの相性は、毎日の営みにおける相性です。
相性が合わないのにいつも一緒だと、より摩擦が大きくなります。
自分の世界を持ち、適度な距離感を保つことがうまくやっていく秘訣です。

恋愛 同棲は避けましょう

家で夫婦のようにまったり過ごすより、デートをするなら外へ出かけたり、グループで楽しんで。いつもベッタリは控え、同棲は避けましょう。結婚間近なら、お互いに仕事を持って暮らしていけるように努力して。

夫婦 仕事や趣味を充実

家での生活にあまりにも強い執着があると、ふたりの間の摩擦がより大きくなります。夫婦の場合、共働きをしている、お互い趣味や習いごとがあるなど、自分の世界を持っていればうまくいくケースが多いのです。

友人 礼儀を忘れずに

プライベートな部分に土足で入っていくことはしないようにしましょう。親しき仲にも礼儀ありの心がけがあれば、長続きします。価値観が異なるので、相手からの相談には意見を言うよりも聞き役に回って。

仕事 感情的な言動は控えて

もともと物の見方や感性が異なることをしっかり認識すること。違うのは当たり前だと思えば腹は立ちません。相手の長所をなるべくみつけて。自分と合わないところには目をつぶって、感情的にならないように。

COLUMN 4

～2024年の休日の過ごし方～

自然や音楽を楽しんでリラックス

若草や花に触れる休日の過ごし方がおすすめです。ベランダガーデンを作ったり、アレンジメントフラワーを作って飾ったり。インテリアにグリーンを取り入れるのも忘れずに。

散歩も風水のラッキーアクションですが、特に2024年は並木道がおすすめです。春なら桜並木、秋なら銀杏《いちょう》並木を歩いて。また庭園をゆっくり散歩してもいいでしょう。

コンサートやライブで好きなアーティストの音楽を楽しむのも三碧木星の象意に合っています。家の中でもＢＧＭを流すようにするとよい気に包まれ、リラックスできます。

運を育てるための心得

運気はめぐっている

私たちの人生は、停滞運から頂上運までの9つの運気が順番にめぐってきます。いいときも悪いときも平等にやってきます。悪いときのダメージを少なくするために運気の貯金が必要です。悪いときは貯金を使い、そしてたまった運気は使うと、さらに増やすことができます。衣食住を整えることは毎日の運気の積み立て貯金。あなたにめぐっている運気に合ったアクションで運気の貯金をしましょう。また、吉方を生かすことで、運気の貯金をプラスできます。人は毎日の生活の中で、移動しながら活動しています。吉方へ動くことは追い風にのって楽しく移動するということ。今後の発展に影響する運気の貯金ができます。

また、吉方の神社にお参りを続けると、運気の貯金を増やすことができます。日のカレンダーにある吉方位を参考にして運気を貯金していきましょう。

※9つの運気を理解する

停滞運　季節では真冬にあたるとき。植物が土の中でエネルギーを蓄えるように、春の芽吹きをじっと待つ時期です。思うようにならないと感じることも多くなりますが、心と体を休めてパワーチャージしてください。行動的になると、疲れたりトラブルに巻き込まれたりすることも。これまでの行いを振り返り、自分自身を見つめるのにいいときです。

＊運気のため方　掃除や片づけなどで水回りをきれいにして、ゆったりとした時間を過ごしましょう。食生活では上質な水をとるようにしてください。朝起きたら1杯の水を飲み、清々しい気分で1日をスタートさせましょう。

基礎運　冬眠から覚め、活動を開始するとき。自分の生活や環境を見直して、これからの人生の基礎固めをするような時期です。目標を決め、それに向けた計画を立てましょう。目の前のことをコツコツこなし、手堅く進んでください。また、この時期は目立つ行動は避け、サポート役に回ったほうが無難です。趣味や勉強など自分磨きには向いているので、学びたいことをみつけ、努力を続けましょう。

＊運気のため方　地に足をつけてしっかり歩ける靴を選びましょう。ガーデニングなどで土に触れると運気の貯金になります。食事は根菜類を取り入れたヘルシー料理がおすすめ。自然を意識した過ごし方で英気を養いましょう。

開始運　季節でいうと春をあらわし、秋に収穫するために種まきをするとき。物事をスタートさせるにはいいタイミングで、やりたいことがあるならぜひチャレンジしましょう。行動的になるほどモチベーションも上がり、気持ちも前向きになっていく運気。ただし、準備不足と感じるなら次のチャンスまで待ってください。表面的に華やかなので、ついその雰囲気につられてしまうと、中途半端なまま終わることになります。

＊運気のため方　心地いい音に包まれることで開運します。ピアノ曲をＢＧＭにしたり、ドアベルをつけたりして生活の中に美しい音を取り入れましょう。食事では梅干しや柑橘類など酸味のあるものをとりましょう。

開花運　春にまいた種が芽を出して成長し花を咲かせる、初夏をイメージするときです。これまでの努力や行動に対する成果が表れはじめ、心身ともに活気にあふれます。気持ちも充実し、新たな可能性も出てきそうです。人脈が広がってチャンスにも恵まれますが、出会いのあるぶん、トラブルも起こりやすくなります。頼まれごとは安請け合いせず、持ち帰って冷静な判断をするようにしてください。

*運気のため方　食事は緑の野菜をたっぷりとるようにしましょう。住まいの風通しには気を配ってください。和室でのマナーを守り、美しい立ち居振舞いを心がけて。空間にアロマやお香などいい香りをプラスするとさらに運気が活性化されます。

静運　運気の波が止まって、静寂が訪れるようなときです。動きがなく安定しているので、ひと休みをするべき運気。新しいことには着手せず、生活習慣を見直したり家の中で家族と過ごしたりするのがおすすめです。思い通りにならないと感じるなら、スケジュール調整をしっかりしましょう。安定志向になるので、この時期に結婚をするのは向いています。ただし、引越しや転職などは避けてください。

*運気のため方　この時期は時間にゆとりを持って行動することも大切。文字盤の大きい時計を置き、時間は正確に合わせておいてください。お盆やお彼岸にはお墓参りをし、きれいに掃除をしてください。

結実運　運気が上がり、仕事で活躍できるときです。やりがいを感じ、心からの充実感も味わえるでしょう。目上の人から信頼を得られるので、自分の力をしっかりアピールして社会的地位も固めましょう。また、新しいことを始めるのにも向いている時期です。真摯に取り組んでさらなる結果を出してください。ただし、何事もやりすぎには注意して。チームとして動くことで夢を実現させましょう。

＊運気のため方　ハンカチやスカーフなど小物は上質なものを選んで。高級感のある装いがさらなる幸運を呼びます。理想を追求していくと、人生もそれに見合った展開になっていくでしょう。名所旧跡を訪ねましょう。

金運　季節でいえば秋。黄金の収穫期を迎え、満ち足りた気持ちを味わうことになるでしょう。これまで努力してきたことが成果となって金運に恵まれます。交友関係も広がり、楽しいお付き合いも増えるでしょう。楽しむことでいい運気を呼び込むことができるときなので、人との交流の機会は断らないように。新しい世界が広がって、さらなるチャンスに恵まれます。また、仕事への情熱も高まって金運を刺激します。

＊運気のため方　宝石を身につけましょう。またデンタルケアを大切にしてください。食品の管理、冷蔵庫の掃除などにも気を配ってください。西日が強い部屋は金運を下げます。西側は特にきれいに掃除して、カーテンをかけましょう。

改革運　晩冬にあたる時期です。家でゆっくり過ごしながら自分を見つめ直す、リセットの時期です。ひと区切りがつくので立ち止まり、自己チェックを！　まわりで変化が起きますが、慌てず落ち着いて対応しましょう。迷ったら慎重になって、ときには断る勇気も必要になってきます。特にお金がからむことには首を突っ込まず、避けるようにしてください。粘り強く努力を続けることが大切です。

＊運気のため方　イメージチェンジがおすすめです。部屋に山の写真や絵を飾ると大きなビジョンで物事を考えることができるようになります。根菜類を料理に取り入れてください。渦巻き模様のアイテムが運気の発展を後押ししてくれます。

頂上運　これまでの努力が実を結び、運気の頂点に達したことを実感できるとき。積極的に動くことで実力が認められ、名誉や賞賛を手にすることができます。充実感もあり、エネルギーも湧いてくるでしょう。新しいことにチャレンジしてもＯＫ。存在感をアピールして、自分が望むポジションをつかみましょう。頂上に昇ることは目立つこと！　隠しごとも露見してしまうときです。早めに善処しておきましょう。

＊運気のため方　めがねや帽子、アクセサリーなど小物にこだわったファッションを取り入れましょう。部屋には美術品などを飾り、南側の窓はいつもピカピカに磨いておくと、運気がたまります。キッチンのコンロもこまめに掃除を。

【基数早見表①】1935 年〜 1964 年生まれ

	1月	2月	3月	4月	5月	6月	7月	8月	9月	10月	11月	12月
1935年（昭10）	13	44	12	43	13	44	14	45	16	46	17	47
1936年（昭11）	18	49	18	49	19	50	20	51	22	52	23	53
1937年（昭12）	24	55	23	54	24	55	25	56	27	57	28	58
1938年（昭13）	29	0	28	59	29	0	30	1	32	2	33	3
1939年（昭14）	34	5	33	4	34	5	35	6	37	7	38	8
1940年（昭15）	39	10	39	10	40	11	41	12	43	13	44	14
1941年（昭16）	45	16	44	15	45	16	46	17	48	18	49	19
1942年（昭17）	50	21	49	20	50	21	51	22	53	23	54	24
1943年（昭18）	55	26	54	25	55	26	56	27	58	28	59	29
1944年（昭19）	0	31	0	31	1	32	2	33	4	34	5	35
1945年（昭20）	6	37	5	36	6	37	7	38	9	39	10	40
1946年（昭21）	11	42	10	41	11	42	12	43	14	44	15	45
1947年（昭22）	16	47	15	46	16	47	17	48	19	49	20	50
1948年（昭23）	21	52	21	52	22	53	23	54	25	55	26	56
1949年（昭24）	27	58	26	57	27	58	28	59	30	0	31	1
1950年（昭25）	32	3	31	2	32	3	33	4	35	5	36	6
1951年（昭26）	37	8	36	7	37	8	38	9	40	10	41	11
1952年（昭27）	42	13	42	13	43	14	44	15	46	16	47	17
1953年（昭28）	48	19	47	18	48	19	49	20	51	21	52	22
1954年（昭29）	53	24	52	23	53	24	54	25	56	26	57	27
1955年（昭30）	58	29	57	28	58	29	59	30	1	31	2	32
1956年（昭31）	3	34	3	34	4	35	5	36	7	37	8	38
1957年（昭32）	9	40	8	39	9	40	10	41	12	42	13	43
1958年（昭33）	14	45	13	44	14	45	15	46	17	47	18	48
1959年（昭34）	19	50	18	49	19	50	20	51	22	52	23	53
1960年（昭35）	24	55	24	55	25	56	26	57	28	58	29	59
1961年（昭36）	30	1	29	0	30	1	31	2	33	3	34	4
1962年（昭37）	35	6	34	5	35	6	36	7	38	8	39	9
1963年（昭38）	40	11	39	10	40	11	41	12	43	13	44	14
1964年（昭39）	45	16	45	16	46	17	47	18	49	19	50	20

【基数早見表②】 1965年～1994年生まれ

	1月	2月	3月	4月	5月	6月	7月	8月	9月	10月	11月	12月
1965年（昭40）	51	22	50	21	51	22	52	23	54	24	55	25
1966年（昭41）	56	27	55	26	56	27	57	28	59	29	0	30
1967年（昭42）	1	32	0	31	1	32	2	33	4	34	5	35
1968年（昭43）	6	37	6	37	7	38	8	39	10	40	11	41
1969年（昭44）	12	43	11	42	12	43	13	44	15	45	16	46
1970年（昭45）	17	48	16	47	17	48	18	49	20	50	21	51
1971年（昭46）	22	53	21	52	22	53	23	54	25	55	26	56
1972年（昭47）	27	58	27	58	28	59	29	0	31	1	32	2
1973年（昭48）	33	4	32	3	33	4	34	5	36	6	37	7
1974年（昭49）	38	9	37	8	38	9	39	10	41	11	42	12
1975年（昭50）	43	14	42	13	43	14	44	15	46	16	47	17
1976年（昭51）	48	19	48	19	49	20	50	21	52	22	53	23
1977年（昭52）	54	25	53	24	54	25	55	26	57	27	58	28
1978年（昭53）	59	30	58	29	59	30	0	31	2	32	3	33
1979年（昭54）	4	35	3	34	4	35	5	36	7	37	8	38
1980年（昭55）	9	40	9	40	10	41	11	42	13	43	14	44
1981年（昭56）	15	46	14	45	15	46	16	47	18	48	19	49
1982年（昭57）	20	51	19	50	20	51	21	52	23	53	24	54
1983年（昭58）	25	56	24	55	25	56	26	57	28	58	29	59
1984年（昭59）	30	1	30	1	31	2	32	3	34	4	35	5
1985年（昭60）	36	7	35	6	36	7	37	8	39	9	40	10
1986年（昭61）	41	12	40	11	41	12	42	13	44	14	45	15
1987年（昭62）	46	17	45	16	46	17	47	18	49	19	50	20
1988年（昭63）	51	22	51	22	52	23	53	24	55	25	56	26
1989年（平1）	57	28	56	27	57	28	58	29	0	30	1	31
1990年（平2）	2	33	1	32	2	33	3	34	5	35	6	36
1991年（平3）	7	38	6	37	7	38	8	39	10	40	11	41
1992年（平4）	12	43	12	43	13	44	14	45	16	46	17	47
1993年（平5）	18	49	17	48	18	49	19	50	21	51	22	52
1994年（平6）	23	54	22	53	23	54	24	55	26	56	27	57

【基数早見表③】 1995 年～2024 年生まれ

	1月	2月	3月	4月	5月	6月	7月	8月	9月	10月	11月	12月
1995年（平7）	28	59	27	58	28	59	29	0	31	1	32	2
1996年（平8）	33	4	33	4	34	5	35	6	37	7	38	8
1997年（平9）	39	10	38	9	39	10	40	11	42	12	43	13
1998年（平10）	44	15	43	14	44	15	45	16	47	17	48	18
1999年（平11）	49	20	48	19	49	20	50	21	52	22	53	23
2000年（平12）	54	25	54	25	55	26	56	27	58	28	59	29
2001年（平13）	0	31	59	30	0	31	1	32	3	33	4	34
2002年（平14）	5	36	4	35	5	36	6	37	8	38	9	39
2003年（平15）	10	41	9	40	10	41	11	42	13	43	14	44
2004年（平16）	15	46	15	46	16	47	17	48	19	49	20	50
2005年（平17）	21	52	20	51	21	52	22	53	24	54	25	55
2006年（平18）	26	57	25	56	26	57	27	58	29	59	30	0
2007年（平19）	31	2	30	1	31	2	32	3	34	4	35	5
2008年（平20）	36	7	36	7	37	8	38	9	40	10	41	11
2009年（平21）	42	13	41	12	42	13	43	14	45	15	46	16
2010年（平22）	47	18	46	17	47	18	48	19	50	20	51	21
2011年（平23）	52	23	51	22	52	23	53	24	55	25	56	26
2012年（平24）	57	28	57	28	58	29	59	30	1	31	2	32
2013年（平25）	3	34	2	33	3	34	4	35	6	36	7	37
2014年（平26）	8	39	7	38	8	39	9	40	11	41	12	42
2015年（平27）	13	44	12	43	13	44	14	45	16	46	17	47
2016年（平28）	18	49	18	49	19	50	20	51	22	52	23	53
2017年（平29）	24	55	23	54	24	55	25	56	27	57	28	58
2018年（平30）	29	0	28	59	29	0	30	1	32	2	33	3
2019年（令1）	34	5	33	4	34	5	35	6	37	7	38	8
2020年（令2）	39	10	39	10	40	11	41	12	43	13	44	14
2021年（令3）	45	16	44	15	45	16	46	17	48	18	49	19
2022年（令4）	50	21	49	20	50	21	51	22	53	23	54	24
2023年（令5）	55	26	54	25	55	26	56	27	58	28	59	29
2024年（令6）	0	31	0	31	1	32	2	33	4	34	5	35

直居由美里（なおいゆみり）

京都造形芸術大学「東京芸術学舎・ライフスタイル学科」にて風水講座の講師を経て、2012年より由美里風水塾を開校。環境学の学問として、風水・家相学などを30年にわたり研究し、独自のユミリー風水を確立した。「人は住まいから発展する」というユミリーインテリアサイエンスの理念のもと、風水に基づいた家づくりを提案し、芸能人や各界のセレブにもファン多数。テレビや雑誌、講演会のほか、企業のコンサルタントとしても活躍中。2009年「易聖」の称号を得る。現在YouTubeで「ユミリー風水研究所」として幸運な人生の送り方を発信中。
YouTube　https://www.youtube.com/@user-zr9kk1be9j
公式HP　http://www.yumily.co.jp

波動表に基づいた運勢やアドバイスを毎日更新中!（携帯サイト）
『直居ユミリー恋愛♥風水』　https://yumily.cocoloni.jp
『ユミリー成功の法則』　https://yms.cocoloni.jp

ブックデザイン　フレーズ
カバーイラスト　押金美和
本文イラスト　レミイ華月
編集協力　テクト・パートナーズ、メイ
撮影　市川勝弘
ヘアメイク　今森智子
衣装協力　YUKI TORII INTERNATIONAL

九星別《きゅうせいべつ》ユミリー風水《ふうすい》
2024
九紫火星《きゅうしかせい》

2023年　8月10日　第1刷発行

著　者　直居由美里《なおいゆみり》
発行者　佐藤 靖
発行所　大和《だいわ》書房
東京都文京区関口1-33-4
電話 03-3203-4511
本文印刷　光邦
カバー印刷　歩プロセス
製本所　ナショナル製本

ISBN978-4-479-31048-8
乱丁・落丁本はお取り替えいたします。
https://www.daiwashobo.co.jp